"Aktuelle Themen, interessante Gäste, kontroverse Diskussionen"?

Eine tiefenhermeneutische Inhaltsanalyse
der Talkshow "Sabine Christiansen"

von

Birgit Schaffar

Tectum Verlag
Marburg 2002

Die Deutsche Bibliothek - CIP-Einheitsaufnahme

Schaffar, Birgit:
"Aktuelle Themen, interessante Gäste, kontroverse Diskussionen"?
Eine tiefenhermeneutische Inhaltsanalyse der Talkshow "Sabine Christiansen".
/ von Birgit Schaffar
- Marburg : Tectum Verlag, 2002
ISBN 978-3-8288-8399-4

Tectum Verlag
Marburg 2002

Inhaltsverzeichnis

Einleitung 5
TEIL I 11
1. Die Beziehungen zwischen Politik, Medien und den
BürgerInnen/ZuschauerInnen 11
   1.1 BürgerIn und Politik   11
   1.2 Politik und Medien   16
   1.3 Medien und ZuschauerInnen   27
2. Methodenbeschreibung 37
   2.1 Theoretischer Hintergrund   37
      2.1.1 Die primäre Sozialisation   39
   2.2 Praktisches methodisches Vorgehen   42
   2.3 Modifikationen der Methode in der vorliegenden Arbeit   46
TEIL II 49
„Tabu-Thema Einwanderung?"– Sendung vom 22.10.2002 49
3. Die ersten sechs Minuten 51
   3.1 Der Vorspann   51
   3.2 Begrüßung und Einführung ins Thema   52
   3.3 Vorstellung der Gäste   53
   3.4 Der Film   57
   3.5 Zusammenfassende Diskussion der ersten
   sechs Minuten   62
4. Der Inhalt der Diskussion 69
   4.1 Der Begriff „deutsche Leitkultur"   70
   Argumente der Talkgäste   70
   Assoziationen der Interpretierenden   72
   4.2 Die Notwendigkeit von Einwanderung   75
   Argumente der Talkgäste   75
   Assoziationen der Interpretierenden   77
   4.3 Die Integration der bisher in Deutschland lebenden
   Ausländer   80
   Argumente der Talkgäste   80

Assoziationen der Interpretierenden   82
4.4 Vorschläge zur Problemlösung   83
Argumente der Talkgäste   83
Assoziationen der Interpretierenden   84
4.5 Zusammenfassende Diskussion des Inhaltes   84
„Wir können nicht allen 6 Milliarden Menschen auf der Welt
helfen"   85
„Damit sie mit uns reden können"   87
5. Die Diskussion allgemein..91
5.1 Die Diskussionsatmosphäre   91
5.2 Reaktionen auf das Verhalten der Gäste   93
5.3 Kameraführung und Zusatzeinblendungen   99
5.4 Zusammenfassende Diskussion der
Sendungsdiskussion   101
6. Die Moderation..109
6.1 Der Verlauf der Sendungsdiskussion   110
6.2 Allgemeine Assoziationen der Interpretationsgruppe   119
6.3 Zusammenfassende Diskussion der Moderation   124
6.3.1 Christiansens Moderation am 22.10.2000   124
6.3.2 Die Inszenierung des „deutschen Hauses"   128
6.3.3 Christiansen als Frau im politischen Journalismus   133
7. Abschließende Diskussion und Zusammenfassung 145
Literatur..153

Einleitung

Als Sabine Christiansen am 4. Januar 1998 ihre erste nach ihr benannte Sendung moderierte, war sie bereits als Journalistin und Moderatorin der „Tagesthemen", dem Nachrichtenjournal bei *ARD*, bekannt und in der allgemeinen journalistischen Berichterstattung geschätzt. 1995 bekam sie beispielsweise den Adolf-Grimme-Preis für ihre journalistische Arbeit, so dass der *ARD*-Programmdirektor Günther Struve sie zu Beginn ihrer Talkshow als „die bei weitem glaubwürdigste Person" bezeichnete (zitiert nach *die tageszeitung*, 3.1.1998, S. 23). Die Kritiken nach der ersten Sendung waren allerdings eher negativ und verhalten; nach ein paar Wochen wurde diskutiert, ob nicht doch wieder der „Kulturreport" seinen alten, von „Sabine Christiansen" verdrängten Sendeplatz am Sonntagabend zurück bekommen sollte[1]. Kritisiert wurden in den Medien zum einen ihre Qualitäten als Moderatorin einer politischen Talkshow. „Sabine Christiansen redet mit jeweils zu vielen Gästen über jeweils zuwenig Thema", war z.B. ein Kommentar nach den ersten vier Sendungen am 31.1.1998 in *die tageszeitung* (S. 22). Zum anderen ließ es sich kaum ein Kommentar nehmen, zu ihrem Äußeren oder zu ihrer Person Stellung zu nehmen. Die *Bunte* fragte in einem Artikel in der Ausgabe 4/98 vom 15.1.98: „Wer hat Ihnen eigentlich diese Hose rausgesucht, die sich bei der Schlussmoderation an den Waden festsetzte und bis zum Schritt Falten warf?" und forderte „Schmeißen Sie die Hose weg, Frau Christiansen!" Dennoch - oder gerade deswegen? - hat sich Christiansen mit ihrer Sendung nun, nach fast vier Sendejahren in der deutschen Medienlandschaft nicht nur deutlich etabliert, sondern konnte sich auch gegen die Konkurrenzsendung „Talk im Turm" mit Erich Böhme, die zur gleichen Sendezeit auf *SAT 1* zu sehen war, durchsetzen. Böhme verließ im September 1998 nach acht Jahren die Sendung, wodurch sie schließlich endgültig an Einfluss verlor und Anfang 1999 ganz aus dem Programm genommen wurde.

---

[1] In der folgenden Arbeit wird der Name der Sendung „Sabine Christiansen" mit Anführungsstrichen von dem Namen der Person Sabine Christiansen unterschieden.

„Sabine Christiansen" ist sonntags eine Stunde ab 21.45 Uhr bei *ARD* zu sehen. Eingeladen sind in der Regel sechs Gäste, die als hochkarätig in der nationalen und internationalen Politik, Wirtschaft und Öffentlichkeit gelten. Nach Angaben der Homepage von „Sabine Christiansen" wird in der Sendung das „Thema der Woche" diskutiert. Dies wird von der Redaktion, die von Christiansen geleitet wird, festgelegt, wobei die Homepage darauf hinweist, dass Zuschauer per e-Mail Anregungen zu Themen, Fragen und Meinungen einsenden können. Nach jeder Sendung besteht zudem die Möglichkeit in Chatrooms auf der Homepage über das Thema der Sendung weiterzudiskutieren. Seit 2001 etablieren sich auch immer mehr „Expertenchats", in denen einer der Gäste nach der Sendung für Fragen zur Verfügung steht.

Die Kritiken in den Medien sind zwar seltener geworden, nie aber richtig abgerissen. Daneben wird der Sendung mittlerweile auch wissenschaftliche Beachtung zu Teil, in dem sie u.a. als Beispiel für „Infotainment" oder „Politainment", also einer Verbindung aus Politik und Unterhaltung, diskutiert wird (vgl. Dörner 2001). Trotz der Kritik am Genre selbst oder an der Sendung im speziellen kann Christiansen konstant hohe Zuschauerzahlen vorweisen. Im Jahr 2000 erreichte Christiansen eine durchschnittliche Zuschauerzahl von 4,44 Mio., und einen Marktanteil[2] von 17,2%. In Spitzenzeiten, wie z.B. im Januar 2000, sahen zwischen 6,44 Mio. und 6,65 Mio. Zuschauer ihre vier Sendungen zum CDU-Spendenskandal[3]. „Sabine Christiansen" war 2000 damit nach dem *ARD*-Brennpunkt die Informationssendung mit der zweitgrößten Reichweite in Deutschland (ohne Nachrichtensendungen) (Darschin, Kayser 2000, 2001) und konnte sich auch 2001 weiterhin behaupten. Interessant ist, dass es einen deutlichen Ost-West-Unterschied in der Beliebtheit der Sendung gibt. Dieser ist allerdings nicht nur sendungsspezifisch, sondern reiht sich ein in die allgemeinen Rezeptionsunterschiede zwischen Ost- und Westdeutschland, in denen die

---

[2] Im Marktanteil drückt sich der Anteil der ZuschauerInnen aus, die vom Gesamt der ZuschauerInnen zu einer bestimmten Zeit eine Sendung schauen.

[3] Siehe Homepage der Sendung: www.sabine-christiansen.de.

Tendenz festzustellen ist, dass die öffentlich-rechtlichen Sender und ihre Informationsangebote im Westen beliebter sind, wogegen die privaten Angebote (*RTL*, *SAT1*) im Osten mehr genutzt werden (Darschin, Kayser 4/2000; 4/2001).

Die Motivation zu einer genaueren Untersuchung der Sendung kam aus meinem eigenen Erleben der Sendung. Bevor ich mich intensiver mit ihr im Rahmen dieser Arbeit auseinander setzte, sah ich die Diskussionen bei „Sabine Christiansen" zwar unregelmäßig, aber durchaus häufig. Zufällig schaltete ich hinein und blieb „hängen". In der Regel war ich schnell von den oft aufgeregten Diskussionen gepackt, und hoffte, dass meine politischen Meinungen gut vertreten werden und Aufmerksamkeit bekommen. Nach der Sendung war ich meistens aufgewühlt und irgendwie unzufrieden, schaute aber beim nächsten Mal trotzdem wieder.

Einerseits begann ich mich zu fragen, was die Sendung so aufwühlend und gleichzeitig faszinierend in dem Sinne macht, dass ich sie letztlich immer wieder anschaute. Andererseits war ich an der Rolle interessiert, die Christiansen als Gastgeberin und Moderatorin einnimmt. Bedenkt man, dass sowohl der Journalismus als auch die Politik in Deutschland traditionell reine Männersphären waren und sich dies immer noch deutlich in der überdurchschnittlich hohen Präsenz von Männern auf allen Ebenen zeigt (siehe auch Kapitel 1.1 und 1.2), ist Sabine Christiansen in dieser leitenden Position noch immer eine Ausnahme, und kann dabei sowohl bekannte Gäste also auch hohe Zuschauerzahlen vorweisen.

Diesen Eindrücken und Fragen werde ich in der folgenden Arbeit nachgehen, indem ich beispielhaft eine Sendung im Detail beschreiben und ihr Angebot an die ZuschauerInnen analysieren werde. Leitfragen sind hierbei: Wie ist die Sendung strukturiert, also was bietet eine politische Talkshow den ZuschauerInnen in einer – angeblich – politikverdrossenen Zeit? Was bietet sie PolitikerInnen, die bei ihr Woche für Woche in die Sendung kommen? Welche Rolle spielt Christiansens Angebot der politischen Berichterstattung in einer demokratischen Gesellschaft? Welche Rolle spielt es, dass Christiansen eine weibliche Moderatorin ist?

Die vorliegende Arbeit ist zweigeteilt. Der erste Teil bietet in Kapitel 1 einen Überblick über die Beziehungen zwischen der Politik, dem Mediensystem und den Individuen, die einmal als BürgerInnen, das andere Mal als ZuschauerInnen oder KonsumentInnen auftreten. Ich werde die Komplexität der Interessens- und Machtverhältnisse zeigen, denen die Sendung „Sabine Christiansen" zum einen unterworfen ist, zu denen sie andererseits aber auch aktiv beiträgt. Hierbei werde ich in den Medienabschnitten verstärkt auf die für diese Arbeit relevanten Genres, der politischen Informationsvermittlung und der Talkshows, bzw. der Präsenz und Rolle von Frauen in den jeweiligen Bereichen eingehen.

In Kapitel 2 folgt die Vorstellung der angewandten Forschungsmethode, der Konversionsanalyse. Sie setzt sich aus verschiedenen Methoden, wie der Gruppendiskussion und der teilnehmenden Beobachtung, zusammen und ist damit besonders geeignet, die Wirkung des Mediums auf ZuschauerInnen und deren individuelle Verarbeitung im alltäglichen Lebenszusammenhang zu untersuchen.

Der zweite Teil der Arbeit enthält die eigentliche Untersuchung der Sendung „Sabine Christiansen". Anhand der Beschreibung und anschließenden Analyse der Sendung vom 22.10.2000, in der über „Tabu-Thema Einwanderung?" diskutiert wurde, nähere ich mich allgemeinen Strukturen und Wirkungsweisen von „Sabine Christiansen". Kapitel 3 beschreibt die ersten sechs Minuten der Sendung, in der die Moderatorin im Mittelpunkt steht und in die Sendung und das Thema einführt. In Kapitel 4 wird der Inhalt und der argumentative Verlauf der Diskussion genauer betrachtet. Die Wirkung der Gäste und die allgemeine Diskussionsatmosphäre untersucht Kapitel 5 und Kapitel 6 widmet sich schließlich Christiansens Moderation und ihrer damit einhergehenden Autorität als Gestalterin der Sendung aber auch ihren Schwierigkeiten, sich als Frau in einer Männerdomäne durchzusetzen.

Jedes Kapitel beschreibt zunächst die Sendung und ihre Ereignisse und gibt entweder implizit oder anschließend die Reaktionen der Zuschauergruppen wider (siehe auch Kapitel 2, Methode). Im jeweils letzten Unterkapitel findet dann die Analyse und Diskussion der Sendung, ihrer Strukturen und

Wirkungsweisen statt. Schon hier soll betont werden, dass die Ergebnisse, die in Kapitel 7 zusammengefasst werden, nicht nur auf der Interpretation der exemplarisch dargestellten Sendung beruhen. Den Ergebnissen der hier vorliegenden Arbeit liegt vielmehr der gesamte Zeitraum von September 2000 bis September 2001 zu Grunde.

Danken möchte ich an dieser Stelle allen, die an der Entstehung und dem Gelingen der Arbeit beteiligt waren. Nicht genügend kann ich mich bei allen aus meinen „Glotzgruppen" bedanken, die sich unermüdlich -selbst bei schönstem Wetter- mit mir der Interpretationsarbeit hingegeben haben. Dank gilt auch der Forschungsgruppe Tiefenhermeneutik des Institutes für Erziehungswissenschaften an der Philipps-Universität Marburg unter Leitung von Prof. Dr. Ulrike Prokop für die inhaltliche Begleitung und Unterstützung.

TEIL I

1. Die Beziehungen zwischen Politik, Medien und den BürgerInnen/ZuschauerInnen

1.1 BürgerIn und Politik

Die Beziehung zwischen Politik und BürgerInnen basiert in der Bundesrepublik Deutschland, wie allgemein bekannt, auf einem demokratischen Verständnis und Staatssystem. Demokratie ist in Anlehnung an Lincoln (1863) die Herrschaft, die aus dem Volk hervorgeht und die durch das Volk und in seinem Interesse ausgeübt wird (vgl. Nohlen 1996, S. 81). Eine Trennung in BürgerInnen und Politik ist daher vom Wortursprung her zunächst eigentlich nicht möglich. Erst in der repräsentativen Form der Demokratie, entsteht eine „politische Klasse", wie sie heute in demokratischen Staaten zu finden ist. Die Repräsentanten in den Parlamenten sind von den BürgerInnen frei, offen und gleich gewählt, was ihre Macht, Entscheidungen zu treffen, legitimiert. Die Parlamentarier legitimieren in Deutschland wiederum die Regierenden.

Zu diesem idealen Verlauf mischen sich in einer modernen, stark ausdifferenzierten Gesellschaft verschiedene Zwischensysteme, die die Beziehung zwischen Politik und BürgerInnen zum Teil erleichtern, aber auch erheblich erschweren. Die Legitimation der PolitikerInnen durch Wahlen setzt einerseits voraus, dass (potentielle) RepräsentantInnen über die Belange und Probleme der BürgerInnen informiert sind, andererseits bedarf es der Möglichkeit, dass sich BürgerInnen eine eigene Meinung über Parteien oder einzelne PolitikerInnen und über deren Ziele bilden können. Diese politische Kommunikation findet gesellschaftlich in verschiedener Weise, auf verschiedenen Ebenen bzw. innerhalb und außerhalb von politischen Institutionen statt, so dass im Idealfall der Demokratie, die BürgerInnen nicht nur zu Wahlen ihre Meinung äußern können, sondern auch innerhalb der Legislaturperioden auf den Politikverlauf Einfluss nehmen können. Thomas Meyer (et al.) argumentiert daher mit Jürgen Habermas, dass Politik eigentlich erst im Prozess der Kommunikation entsteht. „Nur durch kommunikative Verfahren kann sich im demokratischen Verständnis ein politischer Wille bilden, der zu Entscheidungen führt, deren kollektive Bindekraft sich ihrer kommunikativ erprobten Zustimmungsfähigkeit verdankt, aus der kommunikativ erzeugte Macht resultieren kann" (Meyer et al. 2000, S. 116). Habermas versuche in erster Linie idealtypische Modelle des Diskurses und der Kommunikation zu beschreiben, die bewusst Macht- und Herrschaftsverhältnisse ausklammerten, um die „normative Essenz diskursiver Verfahren systematisch herausarbeiten zu können" (a.a.O. S.122).

Grundlage eines Diskurses sei nach Habermas, „die Idee einer Gemeinschaft vernünftig argumentierender Diskursteilnehmer, die sich bei konfligierenden Geltungsansprüchen um einen Konsens bemühen" (vgl. a.a.O. 118f). Die Argumentationsteilnehmer seien gleichberechtigt und hätten gleiche Redechancen ohne die Ausübung von Zwang. Alle moralischen Inhalte und Maximen werden in realen oder simulierten Diskursen erörtert, so dass sie diskursiv gegenüber konkurrierenden Geltungsansprüchen überprüft werden können und müssen. Das methodische Verfahren des Diskurses sei für Habermas das Argument: „Ein Argument ist die Begründung, die uns motivieren soll, den Geltungsanspruch einer Behauptung oder eines Gebotes bzw. einer Bewertung anzuerkennen" (zitiert nach Meyer a.a.O., S. 119), so dass das Ziel letztlich darin bestehe, ein diskursives Einverständnis zu erreichen. Wichtig sei, dass individuelle Wünsche, Bedürfnisse und Interessen dabei nicht ausgeschlossen werden, da die Übereinstimmung gerade im Hinblick auf diese angestrebt werde (vgl. Meyer et al. 2000).

Dieses Bild einer demokratischen Gesellschaft, die sich aktiv in Diskussionen auseinandersetzt und Entscheidungen trifft, ist wie gesagt ein Idealfall. In der Öffentlichkeit in Deutschland kursiert dagegen seit Jahren das Stichwort „Politikverdrossenheit", das die mangelnde Beteiligung der BürgerInnen an politischen Entscheidungen bezeichnet. Hans Herbert von Arnim beschreibt in seinem Buch „Demokratie ohne Volk",

> „dass die Verdrossenheit der Bürger ganz handfeste Gründe hat, die in unserem politischen System angelegt sind und die der Idee der Demokratie zuwiderlaufen: Die Bürger haben keine Möglichkeit, ihre Meinung wirklich kundzutun; sie werden eher entmündigt. [...] Sie [die Parteien, B.S.] wirken nicht an der politischen Willensbildung *mit*, sondern beherrschen sie weitgehend und unterlaufen die Gewaltenteilung. Der von ihnen (und den Interessensverbänden, Medien etc.) beherrschte Staat wird in den Augen der Bürger mit den drängenden Problemen der Gegenwart nicht mehr fertig. [...] Die Schwäche des Gemeinwohls [...] beruht nicht zuletzt darauf, daß die allgemeinen Interessen durch gut organisierte Partikularinteressen erdrückt werden. Auch die Politiker scheinen oft weniger an ‚das ganze Volk', dem zu dienen sie eigentlich gewählt waren, als an Posten und finanzielle Ausbeutung des Staates zu denken" (v. Arnim 1993, S. 7f).

Durch all diese Bedingungen werde den BürgerInnen ihre politische Ohnmacht erst richtig bewusst, die sie, solange sie mehr Vertrauen in die Politik gehabt hätten, weniger empfanden. Von Arnims Forderung gegen diese „Verkrustungs- und Missbrauchsgefahren" ist schlicht: „die Aktivierung des Volkes selbst", denn wie sehr das Volk unter seiner polischen Entmündigung leide und an wichtigen Entscheidungen beteiligt sein möchte, zeige z.B. die von keiner politischen Seite erwartete große Zustimmung beim Volksentscheid in Hessen, bei der 1991 mit 80% der Stimmen die Direktwahl der BürgermeisterInnen und Landräte entschieden wurde oder die starke Beteiligung an der Urabstimmung zur Wahl des SPD-Parteivorsitzenden 1993 (v. Arnim 1993, S. 8f).

Kritisch hinterfragt wird auch, in wie fern PolitikerInnen als RepräsentantInnen das Volk tatsächlich repräsentieren. Beate Hoecker zitiert unterschiedliche Studien und Untersuchungen, die zu dem Ergebnis kommen, dass z.B. mit dem Bildungsgrad, dem Status des Berufes und dem Einkommen die Wahrscheinlichkeit steige, dass sich ein Mensch politisch engagiere (Hoecker 1995, S. 19, 35f[4]). Dies zeige sich am deutlichsten in den Zusammensetzungen der Parlamente auf den unterschiedlichen Ebenen, aber auch in Interviews, in denen festgestellt worden sei, dass das subjektive Gefühl der Fähigkeit zur politischen Beteiligung mit jenen Eigenschaften steige. Damit seien Menschen mit niedrigerem sozioökonomischen Status politisch unterrepräsentiert und potentiell ungleich behandelt.

Gravierend ist in diesem Zusammenhang auch die Präsenz von Frauen in politischen Ämtern und Institutionen. Auch wenn in den letzten Jahren der prozentuale Anteil von Frauen auf allen Ebenen deutlich gestiegen ist, so liegt die politische Beteiligung von Frauen als Parteimitglieder oder in Parlamenten sehr grob gesehen immer noch bei nur 20-30%. In den Länderparlamenten lag 1994 der Anteil insgesamt bei 23,6%, wobei ein deutliches Nord-Süd-Gefälle und Unterschiede zwischen den Fraktionen zu erkennen sind. Auch im Bundestag stieg der Frauenanteil erst seit Mitte der 80-er Jahre von unter 10% auf nun 30,9%[5], wobei Frauen in der Regel nur über die Listen der Parteien und selten über die Direktwahl aus den Wahlkreisen gewählt werden. Frauen sind darüber hinaus prozentual noch weniger in Positionen der „politischen Elite", d.h. als Ministerinnen, Fraktionsvorsitzende, Bundestagspräsidentinnen etc., ganz zu schweigen als Bundespräsidentinnen oder gar Kanzlerinnen zu finden. Daneben scheint es klare Vorstellungen zu geben, welche Ressorts von Frauen geführt werden können. Die Ministerien für Gesundheit, Familie, Jugend, seit den 80-er Jahren auch Frauen sind schon fast traditionell „weibliche" Ressorts, vereinzelt gab es bisher Frauen auch in Ministerien für Bildung, Raumordnung und Städtebau, Justiz, Umwelt, bzw. jetzt auch Landwirtschaft/Verbraucherschutz und Entwicklungshilfe (vgl. Hoecker 1995).

---

[4] Hoeckers Qullen sind hier: Kaase, Max: „Vergleichende politische Partizipationsforschung" In: Dirk Berg-Schlosser; Ferdinand Müller-Rommel (Hg): Vergleichende Politikwissenschaft. Ein einführendes Studienbuch. - Opladen 1992.
Inglehart, Roland: Kultureller Umbruch. Wertewandel in der westlichen Welt. - Frankfurt/Main, New York 1989.
[5] Frauenanteil der Fraktionen im Bundestag der 14. Wahlperiode: SPD 35,2%; CDU/CSU 18,4%; Bündnis 90/Die Grünen 57,4%; FDP 20,9%; PDS 58,3% (http://www.bundestag.de/mdb14/mdbinfo/132/1322.html)

Lange erklärte man diese deutlichen Unterschiede damit, dass Frauen einfach weniger Interesse am Politischen hätten als Männer, schließlich stehe der Beteiligung von Frauen formal schon lange nichts mehr im Wege. Beim genaueren Hinsehen auf die geschlechtlichen Unterschiede durch die feministische Politikwissenschaft konnte aber festgestellt werden, dass Frauen scheinbar andere, außerhalb des engen „konventionellen" Rahmens liegende Partizipationsformen bevorzugen, ein anderes Verhältnis zu politischer Macht oder andere Werte oder Ziele verfolgen als Männer (Hoecker a.a.O., S. 9). Auf der anderen Seite sagten in der letzten Umfrage zur Frage „Ist Politik Männersache?" von Eurobarometer 1987 immerhin noch ein gutes Drittel der Befragten, dass Politik eine vorrangig männliche Angelegenheit sei (zitiert nach Hoecker a.a.O., S. 30). Dies verbindet sich mit generell anderen Sozialisationsbedingungen von Mädchen und Frauen – allein auf Grund weniger weiblicher Vorbilder in der Öffentlichkeit und Politik – zu viel tiefer liegenden, strukturellen Verhinderungsmechanismen und „männlichen Abschließungsmustern". So wird es noch einmal schwerer, dass Frauen in Strukturen agieren, die ihre grundlegenden Arbeitsformen und Umgangsregeln in einer Zeit bekommen haben, in der Frauen politisch noch nicht partizipieren durften (Hoecker 1995).

Ulrich Beck macht darüber hinaus im Kapitel „Politik und Subpolitik im System der Modernisierung" seines Buches „Risikogesellschaft" auf die Aufspaltung in ein politisch-administratives und ein technisch-ökonomisches System der Gesellschaft aufmerksam. Der Bürger sei dementsprechend „gespalten". Er „nimmt einerseits als *citoyen* seine demokratischen Rechte in allen Arenen der politischen Willensbildung wahr und verficht andererseits als *bourgeois* in den Feldern von Arbeit und Wirtschaft seine privaten Interessen" (Beck 1998[14], S. 301). Während das politische System wie oben beschrieben Macht und Rechtmäßigkeit nur mit der Zustimmung der Beherrschten ausüben könne, gälte das technisch-ökonomische System als „Nichtpolitik".

„Diese Konstruktion beruht zum einen auf der Gleichsetzung von technischem mit *sozialem* Fortschritt, zum anderen darauf, daß Entwicklungsrichtung und Ergebnis des technischen Wandels als Ausdruck unaus-

15

weichlicher technisch-ökonomischer *Sachzwänge* gelten. [...] Dieser bleibt im Kern politischer Legitimation entzogen [...]. *Fortschritt ersetzt Abstimmung.* Mehr noch: Fortschritt ist Ersatz für Fragen, eine Art Vorauszustimmung für Ziele und Folgen, die unbekannt und unbenannt bleiben" (ebd.).

So würden sich die Konturen des Politischen und des – angeblich – Nichtpolitischen verschieben, so dass das politische System drohe, bei lebendigem Leibe entmachtet zu werden. „Die politischen Institutionen werden zu Sachverwaltern einer Entwicklung, die sie weder geplant haben noch gestalten können, aber doch irgendwie verantworten müssen" (a.a.O., S. 305). Das Unbehagen an der Politik ergebe sich daher nicht nur aus der Politik selbst, sondern beruhe vor allem auf dem Missverhältnis zwischen der offiziellen Handlungsvollmacht des politischen Systems und dem für Entscheidungen verschlossenen technisch-ökonomische System, das die Gesellschaft aber umso grundlegend verändere (Beck 1998[14]).

Das Ideal der Demokratie, in der von gleichberechtigten BürgerInnen die Macht ausgeht, ist in der Praxis also nur bedingt umgesetzt. Als Regulative gegen Strukturmängel oder Macht- oder Amtsmissbrauch im politischen Prozess sind bestimmte unabhängige Institutionen, wie die Bundesbank, die Rechnungshöfe, die Rechtssprechung oder die Medien, gedacht.

1.2 Politik und Medien

Ein wichtiges und entscheidendes Prinzip für demokratische Staaten ist die Presse-, Meinungs- und Kommunikationsfreiheit. Mit ihr sollen, wie oben beschrieben, zum einen BürgerInnen im Rahmen der politischen Kommunikation in der Gesellschaft über politische Prozesse informiert werden, zum anderen bekommen die Medien dadurch die Rolle des kritischen Beobachters. Ein einheitliches Rahmengesetz für die bundesdeutsche Kommunikationsordnung fehlt bisher, so dass in der Frage nach Zielen oder nach einem Werte- und Normensystem auf Grundsatzurteile des Bundesverfassungsgericht (BVerfG) zurückgegriffen werden muss, das aus einer Vielzahl von Einzelurteilen übergeordnete Anforderungen an die Medien in Deutschland formuliert hat (Meyer et. al. 2000, S. 99). So folgert das

BVerfG aus Art. 5 Abs. 1 des Grundgesetzes die „Gewährleistung freier individueller und öffentlicher Meinungsbildung". Hieraus werden folgende Aufgaben für die Medien abgeleitet:

> „Damit der Bürger umfassend informiert werden kann, muß die Presse als orientierende Kraft Informationen vermitteln und Stellung in der öffentlichen Auseinandersetzung beziehen. Ihre Aufgabe wird darin gesehen, in einem Prozeß ständiger geistiger Auseinandersetzung den Kampf der Meinungen als schlechthin konstituierendes Merkmal einer freiheitlich demokratischen Staatsordnung zu gewährleisten. Der Rundfunk soll eine Verbindung zwischen Staatsvolk und Staatsorganen schaffen und eine Kontrollfunktion gegenüber dem Staat, den Gerichten und der Verwaltung ausüben [...]. Es gehört zu seinen Aufgaben, Mißstände aufzuspüren, aufzuzeigen und transparent zu machen" (a.a.O., S. 100).

Aus diesen Grundsätzen haben sich im Mediensystem Leitsätze für die Berichterstattung entwickelt. Im Grundsatzkatalog der öffentlich-rechtlichen Rundfunkanstalten finden sich im allgemeinen folgende qualitative Normen:

> „(1) Grundsatz umfassender Berichterstattung,
>
> (2) Wahrheitstreue der Berichterstattung nach Inhalt, Stil und Wiedergabe,
>
> (3) Sachlichkeit (Objektivität), Unabhängigkeit und Überparteilichkeit der Berichterstattung,
>
> (4) Gründliche und gewissenhafte Prüfung von Inhalt, Herkunft und Wahrheit der zur Veröffentlichung bestimmten Berichte (mit Bedeutung für die Information und Meinungsbildung),
>
> (5) Trennung von Nachricht und Kommentar,
>
> (6) Kennzeichnung von Quellen,
>
> (7) Keine einseitige, sondern eine ausgewogene, faire und angemessene Berichterstattung" (a.a.O., 100f).

Angesichts der Informationsfülle, die den Medien täglich zur Verfügung steht[6], sind die JournalistInnen gefragt, die Informationen zu selektieren, zu überarbeiten, mit einander zu verbinden und zu modulieren, um sie so der

---

[6] Etwa 180 weltweite Nachrichtenagenturen übermitteln täglich mehr als dreizehn Millionen Wörter; deutsche Agenturen übermitteln etwa eine Millionen (Meckel, Kamps 1998, S. 14f).

Gesellschaft zur Verfügung zu stellen. JournalistInnen haben demnach eine „sinnstiftende Selektions- und Orientierungsfunktion" in der Gesellschaft inne. Die Kernfrage sei nach Miriam Meckel und Klaus Kamps, ob die *Informations*gesellschaft eine *Kommunikations*gesellschaft sei, also ob Informationen nicht nur verfügbar seien, sondern für den/die Einzelne auch zugänglich und vor allem verständlich seien (vgl. Meckel, Kamps 1998, S. 15). Eine Nachricht sei demnach „ein Ereignis, das aus einer Gesamtheit an Geschehnissen zur Berichterstattung ausgewählt wurde", also das Ergebnis eines Interpretationsprozesses durch JournalistInnen (a.a.O., S. 17). Eine „Objektivität" im Sinne einer 1:1-Abbildung der Welt oder die Vermittlung von „Wahrheit" ist daher rein strukturell nicht möglich. Was in den Medien „als Wirklichkeit präsentiert wird, ist ein 'Bild von der Wirklichkeit', das einem 'Weltbild' entspringt, und dieses Bild von der Welt ist etwas quantitativ aber auch qualitativ anderes als die Ereigniswelt – es ist eine Nachrichtenwelt" (Meckel, Kamps zitieren hier, S. 19, Wulf-Nienhüser 1982).

Problematisch wirkt sich der Interpretations- und Selektionsprozess dadurch aus, dass die Medien nicht nur wegen des demokratischen Wertes versuchen, einen möglichst großen Personenkreis zu erreichen, sondern vor allem auch weil sie Unternehmen sind, die nach kapitalistischen Regeln wirtschaften. Dies sichert zwar staatliche Unabhängigkeit, die Entwicklung zeigt aber, dass sich mittlerweile ein paar wenige globale Medienkonzerne den Markt teilen. Dieter Prokop beschreibt in „Medien - Macht und Massen-Wirkung" die Marktstrukturen des Mediensystems: „Alle Oligopolisten operieren weltweit, sind in mehreren Medien tätig. Die meisten haben ihren traditionellen Kernbereich in Zeitungs-, Illustrierten- und Buchverlagen. Fast alle sind heute im Fernsehgeschäft tätig" (D. Prokop 1995, S. 337). In Deutschland wurde das kommerzielle Fernsehen in den 80-er Jahren eingeführt. Durchgesetzt haben sich vor allem die Programme *RTL* (Hauptanteilseigner ist Bertelsmann) und *SAT 1* (bis 2002 Kirch-Gruppe und Axel-Springer-Verlag). *PRO 7*, der Sportkanal *DSF*, der *Kabelkanal* und der Pay-TV-Kanal *Premiere* gehörten bis 2002 ebenfalls der Kirch-Gruppe, die damit faktisch drei der größten deutschen Fernsehkanäle besaß (a.a.O., S. 369). In welche Richtung sich die deutsche Medienlandschaft nach dem

Konkurs des Kirch-Medienkonzerns weiterentwickelt, ist momentan noch nicht abzusehen.

Die Medienkonzerne sichern sich als Gegengewicht zu den unsicheren Einnahmen aus Werbung oder Anzeigen mittlerweile Anteile in der Übertragungstechnologie selbst. Dennoch sind die Werbeaufträge die Haupteinnahmequelle. Diese richten sich streng nach den Einschaltquoten der Sender, die von der Gesellschaft für Konsum-, Markt- und Absatzforschung (GfK) gemessen werden. Die privaten Sender schafften es bis Anfang der 90-er Jahre ihre Werbeeinnahmen beträchtlich zu steigern, während die öffentlich-rechtlichen Sender (auch auf Grund ihrer gesetzlichen Einschränkung, nur an Werktagen vor 20 Uhr Werbung senden zu dürfen) erhebliche Einbußen zu verzeichnen hatten. Danach nahmen die Einschaltquoten bei Werbespots generell ab (vgl. D. Prokop 1995, S. 369ff). Die privaten Sender konnten vor allem mit billigen Produktionen von Serien, Soap-Operas, Quizshows etc. gezielt Werbezielgruppen ansprechen und regelmäßig an das Programm binden. Ebenso sind auch Talkshows sehr geeignet, da sie schnell das Programm füllen und sehr billig produziert werden können. Die Attraktivität der privaten Anbieter machte vor allem deren viel kritisierter inhaltlicher Stil aus. Es dominieren Skandale, „realitätsnahe" Familiencomedies, in denen sich die Familienmitglieder nicht leiden können und nur materielle Interessen aneinander haben oder sogenanntes „RealityTV", das in Reportagen über „wahre Geschichten" mit realen Opfern, Polizisten, Feuerwehrmänner etc. Katastrophen-Voyeurismus bedient. So wurden die Grenzen zwischen Dokumentation und inszenierter Show zugunsten der Show verwischt. Ebenso zeigt sich in Talkshows der bewusste Gegensatz zu den öffentlich-rechtlichen Angeboten, indem nun nachmittags unter der Woche wild gestritten und Privates öffentlich verhandelt wird (D. Prokop 1995, S. 345ff). Darauf werde ich später noch genauer eingehen.

Die finanzielle Abhängigkeit von der Quote hat nicht nur Auswirkungen auf das Angebot der Unterhaltungssendungen. Wenn Skandale scheinbar besser verkauft werden können, und JournalistInnen ohnehin aus einer Fülle von möglichen Nachrichten auswählen müssen, so schlägt sich der Druck der Quote auch auf den journalistischen Selektionsprozess und auf die Art der Informationsaufbereitung nieder. Der Journalismus sei geprägt von der Knappheit der Ressourcen, die Produktion von Nachrichten müsse daher möglichst schnell und billig sein. D. Prokop meint, dass für mehr Qualität die öffentlich-rechtlichen Sender beträchtlich mehr Gebühren verlangen müssten, wozu die Zuschauer meist aber nicht bereit seien (a.a.O., S. 388).

Nachrichten können nun unterschiedliche Formen haben. Niklas Luhmann trifft eine allgemeine Unterscheidung und teilt Nachrichten ein in solche mit Neuigkeitswert, die also durch *tagespolitische Ereignisse* entstehen, und solche, die über den *Kontext* etwaiger Neuigkeiten informieren. Der Neuigkeitswert der letzteren „ergibt sich aus dem vermuteten Wissensstand des Publikums oder angesprochener Teile des Publikums" (Luhmann 1996, S. 72). Meckel und Kamps beschreiben die Welt der Nachrichten als eine Welt „der Ausnahmen, Kuriosa, Unwägbarkeiten". Nachrichten hätten einen „Negativismnus"-Faktor (1998, S. 24). Dabei würde hauptsächlich der Hauptabteilungsleiter[7] der Redaktionen die Schwerpunkte beeinflussen und bestimmen, welchem Thema nachgegangen und welches letztlich gesendet werde (D. Prokop 1995, S. 386). Pierre Bourdieu legt in seinem Buch „Über das Fernsehen" jenem Negativismus den ständigen Druck auf der Suche nach dem „Ungewöhnlichen" zugrunde.

> „Das Ungewöhnliche ist aber auch und vor allem das, was, gemessen an den Nachrichten der anderen Medien, nicht gewöhnlich ist; was anders ist als das Gewöhnliche und anders als das, was die anderen vom Gewöhnlichen melden oder gewöhnlich melden. Ein furchtbarer Druck, der zur Jagd nach dem *Scoop* zwingt. Um als erster etwas zu sehen und zu zeigen, ist man zu fast allem bereit, und da alle sich gleichzeitig in die Karten schauen, um einander zuvorzukommen, vor den anderen da zu sein oder es anders als die anderen zu zeigen, machen alle am Ende dasselbe, und das Ringen um Exklusivität, das andernorts, in anderen Berufsfeldern Originalität, Einzigartigkeit hervorbringt, endet hier in Uniformität und Banalisierung" (a.a.O., S. 26f).

Bourdieu nennt dies eine unsichtbare „Selbstzensur" des Fernsehens, „die ebenso wirksam ist wie die einer zentralen Bürokratie, [...] ja, wirksamer

---

[7] Wie ich weiter unten genauer beschreiben werden, sind die oberen Hierarchieebenen immer noch stark männerdominiert.

noch, weil unauffälliger". Die Konkurrenz zwischen den Medienkonzernen bringe letztlich nicht Vielfalt, sondern Einfalt, denn eine Nachricht befinde sich in einer „zirkulären Zirkulation". JournalistInnen informierten sich bei anderen JournalistInnen, alle schrieben voneinander ab, so dass die Differenzen letztlich minimal seien (a.a.O., S. 30ff). Ob diese Einfalt auf Grund der wirtschaftlichen Konkurrenzsituation zwischen den Sendern die beste Alternative zur staatlichen Abhängigkeit ist, sei hier lediglich stark bezweifelt.

Die AutorInnen und RegisseurInnen der einzelnen Beiträge stehen in der ganzen Produktion am unteren Ende der Medienhierarchie und sind meist nur freischaffend mit den Medienkonzernen verbunden. Ihre Hauptaufgabe bei der Produktion ist vor allem, die Aufmerksamkeit der ZuschauerInnen zu gewinnen und zu halten. Dies beinhaltet nicht nur die schon erwähnte Attraktivität der Darstellung, sondern z.b. auch das Herauslocken der eigentlichen Ansichten der PolitikerInnen über ihre bloße Selbstdarstellung hinaus. D. Prokop beschreibt, es ginge um den Knüller, den Knackpunkt oder das Besetzen eines Schlagwortes. Um diesen Knackpunkt herum wird dann eine kleine Geschichte dramatisch in Szene gesetzt. Wie in jeder Narration werde durch Ungewohntes eine konflikthafte Situation hergestellt, die eine Fernsehsendung interessant mache und nach Auflösung suche. Alles werde einer eindeutigen Aussage untergeordnet, denn die politischen Themen bestünden aus komplizierten Sachfragen und Kompromissen, die nur schwer in kurzer Zeit vermittelt werden könnten. Am einfachsten würden Sachfragen und ihre unterschiedlichen, evt. kontroversen Seiten durch Personen mit den jeweiligen Ansichten repräsentiert. Das Ungewohnte, Neue der Erzählung dürfe dabei zweierlei Grenzen nicht überschreiten. Zum einen dürften die ZuschauerInnen nicht überfordert werden, weil sie sich sonst abwenden und umschalten würden. So dürfe man nicht das ganze Ausmaß „des Horrors" zeigen, sondern nur seine Randgebiete. Zum anderen könne man PolitikerInnen nicht wirklich zu nahe treten und zu kritisch fragen, da diese sich dann einfach andere JournalistInnen für das nächste Interview suchten (D. Prokop a.a.O., S. 387ff). Bourdieu beschreibt das Ungewöhnliche daher als das „gewöhnlich Ungewöhnliche" (1999, S. 26) und Prokop als „Müll-Information", die gesendet werde,

„weil es zu riskant ist, über die wirklich brisanten Dinge zu berichten: z.b. über von Unternehmen vertuschte Unfälle, über Schiebereien zwischen Wirtschaft und Politikern, über organisierte Verbrechen, etc. Das gibt Ärger, Prozesse und außerdem kommt man gar nicht in die Unternehmen hinein, nicht an die Leute heran. Müll-Information ist der kleinste gemeinsame Nenner für das wirtschaftliche Erfordernis des Fernsehbetriebs nach Dauerauslastung" (D. Prokop 1995, S. 392).

Bourdieu nennt das Fernsehen daher „ein phantastisches Instrument zur Aufrechterhaltung der symbolischen Ordnung" (a.a.O., S. 20), denn je „breiter das Publikum ist, auf das ein [...] Kommunikationsmedium zielt, je stromlinienförmiger muß es sich verhalten; es muß alles Kontroverse meiden und sich befleißigen, ‚niemanden zu schockieren', [...] niemals Probleme aufzuwerfen, oder höchstens Scheinprobleme" (a.a.O., S. 62f).

Die journalistische Arbeit ist, wie Elisabeth Klaus (1998) in ihrer Arbeit über „Kommunikationswissenschaftliche Geschlechterforschung" schreibt, nicht nur hierarchisch organisiert, sondern sie ist immer noch weitestgehend geschlechtsspezifisch geteilt. Die geschlechtsspezifische Aufteilung kann man auf mehreren Ebenen beobachten. Zum einen steige der Frauenanteil in der journalistischen Arbeitshierarchie je geringer der Einfluss, das Prestige und das Gehalt des jeweiligen Berufes sei. Während um die 50% (vereinzelt bis zu 65%) Frauen als Volontärinnen arbeiten, sind es nur noch zwischen 30 und 40% als Redakteurinnen, erneut weniger als Ressortleiterinnen und verschwindend gering als Chefredakteurinnen. Des weiteren kann gesehen werden, dass diese Zahlen stark zwischen einzelnen Medienbereichen schwanken. „Bei den Mediendiensten, bei Zeitschriften, im privaten Rundfunk und bei Stadtmagazinen sind Frauen besser als im Gesamtdurchschnitt vertreten, während sie bei den Nachrichtenagenturen, den Zeitungen und den öffentlich-rechtlichen Rundfunkanstalten, also im traditionellen Kernbereich des bundesdeutschen Journalismus, schlechter repräsentiert sind" (a.a.O., S. 157). Auch im Vergleich der Medienbereiche kann also gesehen werden, dass mehr Frauen die tendenziell unsichereren und weniger prestigeträchtigeren Jobs bei den privaten und kleinen Medienbetrieben inne haben. Eine weitere Aufteilung lässt sich in bezug auf die Aufgabenverteilung sehen. In den Politik-, Wirtschafts- und Sportredaktionen arbeiteten noch immer verstärkt Männer, während man Frauen tendenziell

Ressorts wie Ratgeber/Service, Unterhaltung/Kultur, Lokales, Erziehung und Gesellschaft zuweise. Außerdem verdienten Frauen durchschnittlich weniger als Männer, auch wenn sie die gleichen Tätigkeiten ausführten, obwohl sie für ihre Arbeit durchschnittlich besser qualifiziert seien (Klaus 1998).

Die bisher dargestellte Sicht auf die Beziehung zwischen Politik und Medien entspricht dem Dependenzkonzept, nachdem die Politik zu großen Teilen von den Medien abhängig sei, indem die Medien z.b. über ihre Themendarstellung und Konzentration politischen Entscheidungsdruck hervorrufen könnten. Daneben gibt es das Konzept des Autonomieverlustes, nachdem eigentlich umgekehrt die Politik die Medien beispielsweise durch Inszenierungsstrategien beherrsche. Eine dritte Perspektive in der politischen Kommunikationsforschung betont dagegen die wechselseitigen Abhängigkeiten und Freiheiten (vgl. Kamps 1998, S. 35). Die Interessen von JournalistInnen und PolitikerInnen sind sich schließlich in einem wesentlichen Punkt sehr ähnlich. Beide Seiten wollen möglichst viel Aufmerksamkeit und Beachtung von Menschen, die als ZuschauerInnen per Einschaltquote die eigene Sendung oder als BürgerInnen über Prozentpunkte bei Wahlen die eigene Person/Partei legitimieren. So ist es einerseits für PolitikerInnen, Parteien, Organisationen etc. immer wichtiger, in mediengerechten Auftritten das Interesse der JournalistInnen zu wecken und damit die Chance auf Veröffentlichung ihrer Inhalte zu erhöhen. Greenpeace z.B. konnte so mit spektakulären und waghalsigen Protestaktionen regelmäßig das Medieninteresse für sich gewinnen und damit gleichzeitig seine Inhalte einer breiten Öffentlichkeit zugänglich machen (vgl. Schnorbach 2000). Andererseits sind wie beschrieben JournalistInnen z.B. oft auf das Wohlwollen ihrer InterviewpartnerInnen angewiesen, um ihre Sendungen mit Brisantem füllen zu können.

Diese gegenseitige Abhängigkeit bewirkt weiter, dass nicht nur wie oben beschrieben Unterschiede bestehen zwischen Nachrichten, die auf Grund von tagespolitischen Ereignissen entstehen, und denen, die über den Kontext der politischen Ereignisse berichten, sondern auch zwischen Ereignissen und Pseudo-Ereignissen. Pseudo-Ereignisse sind Ereignisse, die es nur durch die Chance auf Medienberichterstattung gibt. Klaus Kamps schreibt,

dass das aus den verschiedenen, eben beschriebenen Faktoren „resultierende politische Wirklichkeitsangebot der Medien [...] kein kommunikatives
Kunstprodukt einzig der Journalisten [ist]; an ihm beteiligen sich professionelle Kommunikationsmanager, Pressesprecher, PR-Experten und die Politiker selbst" (Kamps 1998, S. 34). Die Organisation und öffentliche Darstellung von Politik basiere daher mehr und mehr auf „wohl kalkuliertem
Kommunikationsmanagement", das die Bedingungen und Regelhaftigkeit
der medialen Wirklichkeitskonstruktionen für die eigenen politischen Zwecke gezielt einsetze (Kamps 1998, S. 35). Ulrich Sarcinelli beschreibt z.b.
die Form der „symbolischen Politik". Diese liege vor, „wenn z.b. Bundesumweltminister Töpfer mit großem Fernsehaufgebot persönlich durch den
Rhein schwimmt – zum physischen Beweis, daß der Rhein wieder sauber
sei, während die Verseuchung nachweislich fortbestehe" (Flaig et al. 1997 S
18). Symbolische Politik sei also ein Handeln, dass nicht Symbole benutze,
um sich zu vermitteln, sondern das Handeln selbst schlüpfe in die Rolle des
Symbols, spiegle reale Erfahrungen vor, während in Wahrheit genau das
unterbleibe, worauf die Bilder verweisen würden. Das worauf symbolisches
Handeln normalerweise verweise, existiere im Falle der symbolischen Politik nur im Schein der Wahrnehmung der Symbolhandlung selbst (ebd.).

Ebenso beschreiben Werner Holly (et al. 1989) Fernsehdiskussionen als
„mehr oder weniger bewußten Etikettenschwindel. Denn politische Fernsehdiskussionen sind keine Diskussionen im Fernsehen, sondern lediglich
deren Inszenierung, letztlich zum Zwecke der Propaganda". Holly et al.
vermuten, dass die Beliebtheit politischer Fernsehdiskussionen an den medialen Gegebenheiten liege.

> „[Sie] sind billig zu produzieren, geben politischer ‚Information' durch die
> Bebilderung mit Personen den fernsehgerechten und publikumswirksamen
> ‚human touch', sie kanalisieren das Verlautbarungsrecht der Parteien auf
> noch erträgliche Weise, und sie erzielen – nicht nur in Wahlkampfzeiten –
> immerhin noch gewisse Einschaltquoten, obwohl rhetorische Brillanz oder
> argumentative Überzeugungskraft deutscher Politiker nur in seltenen Fäl
> len so etwas wie Spannung und Interesse erzeugen" (Holly et al. 1989, S.
> 1).

Die oben genannte Definition einer Diskussion nach Habermas steht im Gegensatz zu Hollys (et al.) Beschreibung von politischen Fernsehdiskussionen. Diese seien

> „personenbezogen, emotional, plakativ; es geht um alles mögliche: Information, Unterhaltung, Selbstdarstellung, Karrierearbeit, Parteienwerbung, Legitimation, Interessenartikulation, Beschwichtigung, Meinungsbildung usw.; das meiste davon wird nicht explizit verfolgt, sondern unauffällig bis verdeckt. Der Zugang ist (in den meisten Sendetypen) wenigen Spitzenpolitikern und Topjournalisten vorbehalten, der Status der Teilnehmer ist prinzipiell ungleich. Nicht das beste Argument gewinnt, sondern der gewiefteste Medienkommunikator" (a.a.O., S. 2).

In einer so komplexen Gesprächssituation könne man so unterschiedliche Aufgaben nur erfüllen, wenn man statt Argumente hauptsächlich „floskelhafte Versatzstücke" benutze, mit deren Hilfe es routinierte Sprecher schaffen würden, ans Wort zu kommen, Themen zu lancieren und abzuwürgen, verständlich und überzeugend Propaganda zu machen und dabei noch argumentativ zu wirken (Holly et al. 1989, S. 3). Ein wenig diplomatischer beschreibt auch Bourdieu das Fernsehen als einen Ort, der „die Artikulation von Gedanken nicht gerade begünstigt" (Bourdieu 1999, S. 38) und referiert Platon, der gesagt habe, man könne nicht denken, wenn man keine Zeit habe. Der Druck der Einschaltquote gebiete aber, dass man im Fernsehen schnell denken und reagieren müsse. Bourdieu nennt diejenigen, die dies können „Fast-Thinker" und vermutet wie Holly et al., dass ihre Fähigkeit weniger in der Schnelligkeit zu suchen sei als darin, dass sie in „Gemeinplätzen" denken würden. Gemeinplätze seien banale, konventionelle Vorstellungen, die jeder habe und die daher auch jeder verstehe, so dass sich das Problem der Unklarheit gar nicht erst stelle.

> „Die Kommunikation gelingt augenblicklich, weil sie in gewisser Weise gar nicht erst stattfindet. Oder nur zum Schein. Der Austausch von Gemeinplätzen ist eine Kommunikation ohne anderen Inhalt als eben den der Kommunikation" (Bourdieu 1999, S. 39).

Wirkliches Denken dagegen nehme in solchen Gemeinplätzen nur seinen Anfang, in dem es versuche, diese mit Beweisen zu demontieren.

„Wenn Descartes von Beweisführung spricht, spricht er von langen Begründungsketten. Das braucht Zeit, eine ganze Reihe von Aussagen, die mit ‚also', ‚folglich', ‚damit', ‚vorausgesetzt, daß' usw. untereinander verkettet sind, muß aneinandergefügt werden. Diese Entfaltung *denkenden* Denkens ist unaufhebbar an Zeit gebunden" (a.a.O., S. 40).

Dass man im Fernsehen so häufig „Fast-thinkern" begegne, liege nicht nur am Zeitdruck in der Sendung selbst, sondern auch daran, dass JournalistInnen immer die selben Leute zu den selben Themen einladen und fragen würden. Dies erübrige die Suche nach jemandem, der wirklich etwas zu sagen hätte, denn junge, unbekannte Leute müsste man „erst auftreiben, wo man doch die Medienhirsche bei der Hand hat, die stets disponibel und bereit sind" ihre Stellungnahme abzugeben (a.a.O., S. 40).

Die Talkshow als Genre kommt damit einer generellen „Personalisierung" der Politik entgegen. Gemeint ist hier die allmähliche, systematische Konzentration der politischen Berichterstattung auf Personen. Komplexe politische Sachverhalte und Handlungen werden so mittels repräsentativer Personen dargestellt und auf ein kognitiv und emotional überschaubares Maß reduziert. Personalisierung stelle künstliche Nähe zu einigen wenigen Schlüsselpolitikern dar und wirke so als Substitut für fehlende face-to-face-Kommunikation mit PolitikerInnen in großen Gesellschaften (Kamps 1998, S. 42f). Hier wirkt sich der Umstand, dass Frauen nur wenige politische Spitzenpositionen innehaben, verstärkt aus. Cornelißen und Küster stellten 1992 fest, dass Frauen in Fernsehnachrichten nur im Verhältnis 1:9 Aufmerksamkeit zukomme. Männer treten darüber hinaus verstärkt als berufstätige Experten auf, während Frauen viel häufiger in privaten Rollen dargestellt würden, was die traditionelle Rollenzuteilung von Männern in Öffentlichkeit und Frauen im Privaten fortführe.

Zusammenfassend kann man also sagen, dass reale politische Diskurse an die ökonomischen, politischen und rechtlichen Rahmenbedingungen der modernen Gesellschaft gebunden sind und daher, wie Richard Münch (1991) sich ausdrückt, stets eine situationsvariante Mischung aus Argumenten, Darstellungseffekten, Geld und Macht. Er versucht daher in seinem Buch „Die Dialektik der Kommunikationsgesellschaft" anders als Habermas, die tatsächlichen strukturellen Zusammenhänge des Mediensystems innerhalb einer stark funktional ausdifferenzierten Gesellschaft zu erfassen. In zunehmendem Maße kann also von einer „Inszenierung" (Meyer et al. 2000) oder einer „Theatralisierung" (Siller et al. 2000) des Politischen gesprochen werden, bei der „über Erfolg oder Misserfolg politischer Maßnahmen [...] immer weniger die Richtigkeit der Maßnahme an sich [entscheidet] und immer mehr die Art ihrer öffentlichen Thematisierung. [...] Die öffentliche Inszenierung wird zum eigentlichen Erfolgskriterium der Politik" (Münch 1991, S. 95). Bourdieu fordert deswegen, dass man im Namen der Demokratie gegen die Einschaltquoten kämpfen muss und kann (Bourdieu 1999, S. 95).

1.3 Medien und ZuschauerInnen

„Was wir über unsere Gesellschaft, ja über die Welt, in der wir leben, wissen, wissen wir durch die Massenmedien" (Luhmann 1996, S. 9). Luhmanns einleitender Satz in sein Buch „Die Realität der Massenmedien" verdeutlicht die Bedeutung, die die Medien sowohl in der primären als auch in der sekundären Sozialisation haben. Die Medien vermitteln, wie oben schon dargestellt, wichtige gesellschaftliche Informationen und verdeutlichen komplexe Sachverhalte. Sie entwickeln und bieten damit den ZuschauerInnen Interpretationen der eigenen Lebenswelt und Beispiele zur Lebensgestaltung. Dies ist besonders angesichts der zunehmenden „Individualisierung" der Gesellschaft wichtig. Beck beschreibt, dass Individualisierung im Rahmen der Modernisierung in dreifacher Weise geschieht:

> „*Herauslösung* aus historisch vorgegebenen Sozialformen und -bindungen im Sinne traditionaler Herrschafts- und Versorgungszusammenhänge (‚Freisetzungsdimension'), *Verlust von traditionalen Sicherheiten* im Hinblick auf Handlungswissen, Glauben und leitende Normen (‚Entzauberungsdimension') und [...] eine *neue Art der sozialen Einbindung* (‚Kontroll- bzw. Reintegrationsdimension')" (Beck 1998, S. 206; vgl. hierzu auch Giddens 1999).

Lothar Mikos argumentiert, dass es auf Grund dieser Entwicklung keine vorgegebene, für alle Gesellschaftsmitglieder gültige Moral gäbe, sondern lediglich kontextgebundene „Moralen", die immer wieder neu kommunikativ ausgehandelt werden müssten. So „kommt den Medien, insbesondere dem allgemein verfügbaren Fernsehen als gesellschaftlichem Leitmedium, eine zentrale Bedeutung bei der kommunikativen Aushandlung von Normen und Werten zu" (Mikos 2000, S. 4). Dieser Entwicklung liegt aber nicht der vielbeschworene Verlust von jeglicher Moral zu Grunde. Das gesellschaftliche Aushandeln von Werten und Normen ist ein ständiger Prozess, der schon immer auch mit Hilfe von den zur Verfügung stehenden Medien, wie Philosophie, Literatur, Sagen/Märchen etc. diskutiert wurde. Im Zuge der Modernisierung fiel lediglich die Monopolstellung der Kirchen, die über Jahrhunderte ein festes Regelwerk zur Verfügung gestellt hatten. Mit der Verschiebung der Religion in den privaten Bereich der Gesellschaft zeigte sich, dass moralische Fragen nicht unbedingt religiöse Fragen sind, sondern allgemein-gesellschaftliche, die so verstärkt wieder in der Allgemeinheit verhandelt werden. Vor allem in den täglichen Talkshows kann man diese Entwicklung beobachten. Dort werden individuelle Handlungsweisen „in den moralischen Konsens der Gesellschaft eingebunden" (Mikos 2000, S. 3). Ob diese Talkshows allerdings der beste Platz für den gesellschaftlichen Diskurs über Moral sind, kann bezweifelt werden. Johannes Gawert vergleicht die „Daily Talks" mit Gerichtsverhandlungen, in denen tendenziell mit größerer Strenge moralische und soziale Normen von den jeweiligen ModeratorInnen und dem Saalpublikum eingeklagt werde als es andere Institutionen unserer Gesellschaft, wie Justiz, tun würden. „Vor allem Arbeitslose und Sozialhilfeempfänger sehen sich regelmäßig mit unbarmherzigen Vorwürfen und mit rigiden Ratschlägen konfrontiert, wie sie ihre Situation ändern sollten" (Gawert 2000, S. 2). Problematisch ist bei den Daily Talks vor allem die Diskrepanz zwischen den selbstgesetzten Ansprüchen der Macher, offen über die auftretenden Probleme in der Gesellschaft zu reden und damit zu Toleranz und Vielfältigkeit beizutragen und neuen Lebensentwürfen Raum zu geben und dem, was letztlich in der Sendung präsentiert wird. Ulrike Prokop (et al. 2000) konnte an verschiedenen Talkshows zeigen, dass die Toleranz und Offenheit lediglich oberflächlich (manifest) rhetorisch inszeniert wird, latent aber in der Regel traditionelle Vorstellungen und Stereotype reproduziert und verfestigt werden. Bei der Talkshow „Arabella" (*Pro 7*) z.B. kommen U. Prokop et al. zu dem Ergebnis, dass manifest die Freiheit der Lebensentwürfe, der Selbstverwirklichung, der Einzelnen und vor allem von Frauen präsentiert wird, während es latent hauptsächlich darum geht, sich mit Hilfe eines perfekten Körpers erfolgreich selbst darzustellen. Das Geschlechterverhältnis wird durch ein Machtspiel ersetzt, in dem Frauen asexuell und dominant erscheinen, während attraktive männliche Mit- und Gegenspieler nicht in Erscheinung treten.

Dies entspricht in den Grundzügen noch immer der Darstellung von Frauen in den Medien. Elisabeth Klaus (1998) fasst unterschiedliche Studien zur Präsenz von Frauen bzw. der Inszenierung von Weiblichkeit im deutschen Fernsehen zusammen und beschreibt, dass die beiden Leitbilder, die Erich Küchenhoff bereits 1975 analysierte, das der Hausfrau und Mutter und seinem Gegenbild der jungen, schönen, unabhängigen Frau, noch immer auf deutschen Bildschirmen vorherrschen. Selbstbewusstes, unabhängiges Agieren ist bei Frauen stark an Jugendlichkeit und Schönheit gekoppelt. Dies ist sowohl im fiktionalen Bereich, bei Serien, Spielfilmen etc. zu beobachten als auch bei Quizsendungen oder in Dokumentar- und Nachrichtensendungen. In bezug auf die Daten von 1975 stellt Klaus weiterhin fest, dass Frauen zwar mehr zu sehen, aber immer noch unterrepräsentiert sind und in allen Programmbereichen an der hierarchischen Geschlechterverteilung festgehalten wird. So haben Frauen deutlich weniger Rollen, die an Berufstätigkeit geknüpft sind oder der Beruf wird zur Nebensache und somit mit dem traditionellen Leitbild in Einklang gebracht. Frauen auf deutschen Bildschirmen sind darüber hinaus unpolitisch. Sie spielen diejenigen, die schlecht informiert sind und daher gesellschaftlich und politisch nicht aktiv werden.

Dies ist besonders im Hinblick auf Sabine Christiansen interessant: Cornelißen und Küster stellten 1992 fest, dass Frauen in den diversen öffentlichen und politischen Funktionen besser vertreten sind als sie in den Fernsehnachrichten zu Wort kommen. Das Fernsehen hinkt hier also der tatsächlichen Entwicklung in der Gesellschaft hinterher. Dies spiegelt die patriarchalen Traditionen sowohl in der Politik als auch im Journalismus selbst. Erst 1971 durfte Wibke Bruhns als erste Frau in der Bundesrepublik die Nachrichten sprechen. „Eine Nachricht verlangt vom Sprecher sachlich unterkühlte Distanz, Frauen aber sind emotionale Wesen", sagte 1975 Karl Heinz Köpcke über Nachrichtensprecher (zitiert nach Klaus 1998, S. 150) und unterstützt damit das oben dargestellte Frauenbild im Fernsehen. Frauen als emotionale Wesen passten also nicht in den wichtigsten Bestandteil des öffentlich-rechtlichen Programmauftrags, der sachlichen, objektiven Informationsvermittlung. Noch 1982 sagte der Chefsprecher einer *ARD*-Anstalt, dass er Frauen nicht gerne bei den Nachrichten einsetze, „sie sind nicht so glaubwürdig" (zitiert nach Böhm 1995, S. 22). Mittlerweile moderieren Frauen ca. ein Drittel aller Fernsehnachrichten. Politische Talkshows, wie beispielsweise der „Internationale Frühschoppen", oder andere Talkshows aus dem Grenzbereich Kultur und Politik, wie „III nach neun" oder der „Kölner Treff", wurden ebenfalls traditionell von männlichen Journalisten geleitet. Erst ab 1988 moderierten zwei Frauen die politische Talkshow „Drei vor Mitternacht" im *WDR*-Fernsehen (Foltin 1994). So ist mit Sabine Christiansen eine Frau in einer noch immer ungewöhnlichen journalistischen und politischen Aufgabe seit gut vier Jahren auf deutschen Bildschirmen zu sehen. Sie war die erste Frau, die eine politische Talkshow leitet, die in ganz Deutschland ausgestrahlt wurde und hat neben ihren heutigen „Konkurrentinnen" Maybrit Illner im *ZDF* oder Sandra Maischberger bei *n-tv* mit Abstand höhere Zuschauerzahlen. In wie fern sie neue Maßstäbe setzt oder alte Leitbilder bedient, werde ich noch genauer darstellen.

Der politischen Berichterstattung stehen im Fernsehen verschiedene Genres zur Verfügung: Die Nachrichtensendung, das Nachrichtenmagazin mit vertieferen Einzelthemen, Reportagen, Interviews in allen denkbaren Frage- und Antwortkonstellationen zwischen PolitikerInnen, JournalistInnen und BürgerInnen, oder, wie ich oben bereits beschrieben habe und in der nachfolgenden Arbeit noch genauer darstellen werde, in Form einer Talkshow. So muss entschieden werden, welche Themen in welcher Art und Weise berichtet werden, denn nicht alle Themen eigenen sich für alle Genres. Jedes Genre verlangt wiederum unterschiedliche Inszenierungen und hat bei den ZuschauerInnen unterschiedliche Glaubwürdigkeitsvorschüsse. Beispielsweise wirkt ein filmischer Bericht mit einer Nachrichtenstimme im Hintergrund seriöser als eine Sprechermeldung, bei der man den/die SprecherIn sieht (D. Prokop 1995, S. 400). Die ZuschauerInnen bekommen durch die Bilder den Eindruck, mit vor Ort zu sein. Der/die KorrespondentIn ist wie ein/e AugenzeugIn, der/die berichtet. Vom Gesagten kann man sich mit Hilfe der Bilder sozusagen selber überzeugen[8]. In Talkshows können die ZuschauerInnen zwar selbst sehen und hören, wie und was die PolitikerInnen argumentieren, was man sonst nur ausschnittsweise in Nachrichtensendungen präsentiert bekommt, dies scheint aber nicht zwangsläufig zu mehr Glaubwürdigkeit zu führen. Hans-Friedrich Foltin schreibt in seinem Überblick über die Geschichte der Talkshow (1994), dass gerade von Politprofis Ehrlichkeit kaum erwartet werde. Auch innerhalb des Mediums Fernsehen gibt es beträchtliche Unterschiede, was die Glaubwürdigkeit politischer Berichterstattung angeht. Bei der Nachfrage nach Information werden deutlich die Sendungen der öffentlich-rechtlichen Sender bevorzugt. „Rund 36 Prozent der gesamten Zeit, die die FernsehzuschauerInnen mit dem Ersten oder dem *ZDF* verbracht haben, stammen im Jahr 2000 aus der Nachfrage nach Informationssendungen, und bei den acht Dritten Programmen sind es sogar 58 Prozent", während nur rund 21 Prozent *RTL* oder *Pro 7* für Informationen einschalten (*SAT 1* nur 16 %). Insgesamt betrachtet, decken die bundesdeutschen ZuschauerInnen zu mehr als zwei Dritteln ihren Informationsbedarf aus öffentlich-rechtlichen Programmen (Darschin, Kayser 2001, S. 6ff).

Das Ziel des Journalismus, Informationen zugänglich und verständlich zu machen, wirft die Frage nach der Gestaltung von Nachrichten auf. Einerseits sollten möglichst viele Meldungen die ZuschauerInnen erreichen, andererseits müssen diese Nachrichten so gestaltet sein, dass möglichst viel verstanden und erinnert werden kann. Dies sei nach Lutz Goertz und Klaus Schönbach (1998) ein Balanceakt zwischen Informationsvermittlung, die leicht monoton und langweilig sein könne, und Attraktivität, bei der die Gefahr bestehe, vom Eigentlichen abzulenken. So kann durch verschiedene Darstellungsmittel, wie z.B. durch kommentierte filmische Berichte oder Interviewausschnitte, versucht werden, Nachrichtensendungen im Fernsehen abwechslungsreicher zu gestalten als lediglich frontale Sprechermeldungen zu präsentieren. Attraktivität in der Präsentation kann einerseits die

---

[8] Das sei nach Halff (1998) der Grund, warum das Fernsehen generell als glaubwürdiger gilt als Zeitungen oder das Radio.

Erinnerungsleistung an Nachrichten erhöhen. Wird die Information aber andererseits zu unterhaltend präsentiert, so wird die Glaubwürdigkeit der Sendung und ihrer Inhalte in Frage gestellt, was die grundsätzliche Frage aufwirft, wie ZuschauerInnen Fernsehprogramme überhaupt rezipieren.

Michael Charlton skizziert einleitend im Sammelband „Rezeptionsforschung" die theoretischen Ausgangspunkte und Richtungen der unterschiedlichen wissenschaftlichen Disziplinen, die sich mit Medienrezeption beschäftigen. Im Rahmen dieser Übersicht werde ich lediglich auf die Grundlagen der handlungstheoretischen Rezeptionsforschung eingehen, da diese auch auf der erziehungswissenschaftlichen Sicht von Aneignungsprozessen basiert. Der Prozess der Sozialisation ist demnach kein linearer, sondern ein dialektischer; das Hineinwachsen eines Subjekts in eine Gesellschaft, bedeutet nicht nur eine Veränderung des Subjekts, sondern auch der Gesellschaft selbst (vgl. u.a. Tillmann 1995, Lorenzer 1995, Hurrelmann 1986). Auf die Rezeption von Fernsehprogrammen übertragen heißt das, dass ZuschauerInnen nicht passiv vor dem Bildschirm sitzen und durch die Sender und ProduzentInnen indoktriniert werden, sondern zum einen, dass sich Programme auf Grund des Zuschauerverhaltens verändern[9], zum anderen, dass ZuschauerInnen „produktiv realitätsverarbeitende Subjekte" sind (vgl. Hurrelmann 1986; auch Winter 1995). Erziehungswissenschaftlich diskutiert man unter dem Stichwort „Medienkompetenz" jene Fähigkeit und dessen Aneignung, mit Medien bewusst so umzugehen, dass man diese entsprechend der eigenen Wünsche und Bedürfnisse in den Alltag integrieren kann (vgl. von Rein 1996), was Mikos als einen Teil einer grundlegenderen Kommunikationskompetenz betrachtet (Mikos 1996).

So gehen handlungstheoretische Rezeptionsmodelle von der Annahme aus, dass die Rezeption in der Alltagspraxis geschieht. Das beinhaltet, dass RezipientInnen bevorzugt solche Medienthemen auswählen, die in Zusammenhang mit ihrer eigenen Lebenssituation stehen, dass die Rezeption von Alltagspraxis begleitet wird (z.B. wenn sich ZuschauerInnen gegenseitig

---

[9] Zur Kritik an der Genauigkeit und der Aussagekraft der Einschaltquote siehe Kapitel III bei Siller, Pitz (Hg.) 2000 „Diktatur der Einschaltquote. Themen- und Personeninszenierung in der Mediengesellschaft".

die Logik eines Krimis erklären) und dass sich die Rezeption in der zu-
künftigen Alltagspraxis niederschlägt, in dem Handlungsentwürfe zur Lösung von Alltagsproblemen benutzen oder auf Medieninformationen Meinungen aufbauen (Charlton 1997, auch Mikos 1994). So stellt man sich die
Rezeption als vier-stufiges Modell vor: a) Zunächst gestaltet man die soziale Situation, um die Auseinandersetzung mit dem Medium möglich zu
machen. b) Die Themen und Programmauswahl erfolgt dann hauptsächlich
vor der Rezeption, aber auch während dessen. Hier kommt zum Tragen,
dass man auf Grund seiner Vorerfahrungen und Voreingenommenheit vor
allem seine vertrauten Strukturen sucht. Dann folgt c) die eigentliche Rezeption, bei der RezipientInnen mit ihrer emotionalen Distanz und Nähe
zum Angebot spielen. d) Abschließend wird das Rezipierte – meist durch
personale Kommunikation unterstützt – für das eigene Leben nutzbar gemacht. Bei allen vier Stufen der Medienrezeption können Unterschiede bei
verschiedenen Rezipientengruppen festgestellt werden. So unterscheiden
sich z.B. das Auswählen der Programme, das Umschaltverhalten, die Aneignung des Inhaltes etc. auf Grund von verschiedenen Größen wie Bildung, Alter, Schichtzugehörigkeit, Ethnie oder Geschlecht. Waltraud Cornelißen argumentiert in ihrem Buch „Fernsehgebrauch und Geschlecht",
dass offensichtlich weder die biologische Geschlechtszugehörigkeit noch
geschlechtsspezifische Sozialisationsprozesse primär für unterschiedliche
Nutzungsstile verantwortlich sind, sondern vielmehr das mehr oder weniger
rigide Eingebundensein in geschlechtstypische Lebenszusammenhänge,
wie die geschlechtsspezifische Arbeitsteilung sowohl im Beruf als auch in
der Familienarbeit, und die subjektive Akzeptanz bzw. Distanz gegenüber
den kulturell gestützten Männer- und Frauenbildern (vgl. Cornelißen 1998).

Auf diesem Verständnis von Rezeptionsverläufen aufbauend kritisiert
Hans-Bernd Brosius, dass ein wesentlicher Teil der Nachrichtenforschung
theoretisch auf dem Rezeptionsmodell aufbaut, dass die ZuschauerInnen in
der Lage seien, „die zur Verfügung stehenden Informationen rational und
vernünftig, d.h. durch logische Analyse und Abwägung in eine politische
Meinung umzusetzen", und dass die Qualität dieser Meinung mit der In-
formationsquantität steige (Brosius 1997, S. 94). Ein Problem bei der Aneignung politischer Information sei aber z.B., dass Urteile über Ereignisse,

Sachverhalte oder Personen oft ad hoc getroffen werden müssten, so dass keine Zeit sei, alle notwendigen Informationen, die aktuell präsentiert oder die bereits im Gedächtnis vorhanden sind, miteinander zu kombinieren. Brosius schlägt daher für die Nachrichtenrezeption ein Modell der „Alltagsrationalität" vor:

> „1. Rezipienten verarbeiten nicht alle ihnen zur Verfügung stehenden Informationen in Nachrichten.
> 2. Rezipienten ziehen zur Urteilsbildung bevorzugt solche Informationen heran, die ihnen zum Zeitpunkt des Urteils besonders leicht zugänglich sind.
> 3. Rezipienten überführen Einzelheiten der präsentierten Meldungen schon während der Informationsaufnahme in allgemeine schematische Kategorien.
> 4. Rezipienten bilden ihre Urteile schon während der Rezeption und nicht erst im Anschluß daran.
> 5. Rezipienten verkürzen und vereinfachen Probleme und Sachverhalte. Sie verwenden Faustregeln, Verallgemeinerungen, Schlußfolgerungen und Stereotype, die sich bewährt haben.
> 6. Rezipienten orientieren sich bei ihrer Beurteilung von Sachverhalten hauptsächlich an Informationen, die ihnen aus dem Alltag vertraut sind.
> 7. Rezipienten wenden sich Nachrichteninhalten in der Regel mit geringer Involviertheit zu, können sich jedoch unter bestimmten Bedingungen intensiv damit auseinandersetzen" (a.a.O., S. 99).

Auf die enge Verbindung von der Aneignung der eigenen politischen Meinung und dem eigenen Alltag verweist auch die Studie „Alltagsästhetik und politische Kultur" von Bertold Bodo Flaig et al. (1997). Die Autoren argumentieren, dass sich Menschen in den Industriegesellschaften soziologisch gesehen nicht länger ausreichend nach sozialökonomischen Kriterien, wie Beruf, Bildung, Einkommen etc., charakterisieren lassen, sondern „dass die Alltagsästhetik zum entscheidenden Faktor für die sozialen Differenzierungs- und Orientierungsprozesse geworden ist". Kommunikations- und Gesellungsformen wählen Menschen zunehmend auf Grund von sozialästhetischen Kriterien, also auf Grund dessen, was ihnen an der eigenen Lebenswelt gefällt und an der anderen missfällt: Bei Kleidung, Einrichtung, Redestil, Wertemuster, Essen, Trinken, Spielen, beim Umgang mit anderen Menschen, Institutionen, der Natur etc. Flaig et al. beschreiben darauf aufbauend Zusammenhänge mit der Ästhetik der Medien, ihrer Produktion von

Bildern und der Darstellung verschiedener Lebensentwürfe. Diese sprechen nur noch solche Gruppen der Gesellschaft an, die einen ähnlichen ästhetischen Entwurf ihres Lebens haben, andere wenden sich davon ab. Dies ist ebenso in der Verwendung von Sprache zu sehen. Welche Wörter man benutze, wie man Argumente aufbaue etc. ist in der Logik der Massenkommunikation entscheidend, was vor allem auch in der Darstellung von politischen Zusammenhängen oder politisch Handelnder zum Tragen kommt. Wie wer wen mit welchen kommunikativen Mitteln erreicht, um politische Inhalte zu vermitteln bzw. Strukturen der gesellschaftlichen Diskussion anzubieten, basiert also verstärkt auf tiefgreifenden Weltbildern und Lebensstilen. So liegt ebenso der Art der Rezeption oder der anschließenden Verarbeitung eines Medieninhaltes oder der dargestellten Personen das jeweilige ästhetische Verständnis der RezipientInnen zu Grunde.

Die Untersuchung der Sendung „Sabine Christiansen" in dieser Arbeit basiert auf diesem Verständnis der Medienwirkung und -aneignung und ihrer untrennbaren Verschränkung mit dem bereits vollzogenen Sozialisationsprozess der RezipientInnen und ihrer alltäglichen Lebensgestaltung. Im folgenden werde ich die Forschungsmethode dieser Arbeit vorstellen, die eben diese lebensgeschichtlichen Faktoren der Rezeption berücksichtigt.

2. Methodenbeschreibung

Ausgehend von dem rasant gewachsenen Angebot an Talkshows, die sich selbst als aufklärerisch präsentier(t)en und in denen zunehmend Privates öffentlich verhandelt wird, hat die Forschungsgruppe um Ulrike Prokop eine eigene Untersuchungsmethode entwickelt, um genauer bestimmen zu können, was das inhaltliche Angebot einer solchen Fernsehsendung ausmacht, bzw. um besonders den affektiven Aspekt der Medienwirkung beim Zuschauer zu untersuchen. Das verwendete Verfahren heißt *Konversionsanalyse* und wurde bereits an unterschiedlichen Talkshows angewandt (vgl. U. Prokop, Stach, Welniak 2000).

Die Konversationsanalyse setzt sich aus verschiedenen Methoden zusammen. Sie verbindet das Verfahren der teilnehmende Beobachtung und der Gruppendiskussion und bezieht in ihrer Auswertung unbewusste Anteile mit in die Analyse ein, wie es in der tiefenhermeneutischen Kulturanalyse und der Ethnopsychoanalyse entwickelt und beschrieben worden ist (Lorenzer 1986, Erdheim 1984, Leithäuser und Volmerg 1988). Die Konversationsanalyse ist als dreistufiges Verfahren angelegt. Die ersten beiden Teile, die Inhaltsanalyse und die Gruppendiskussion, finden in einer Forschergruppe statt. Die dort erarbeiteten Ergebnisse dienen als Folie, vor der die Seheindrücke und Diskussionen mit Publikumsgruppen aus verschiedenen Alters- und Milieugruppen verglichen und analysiert werden. Im Rahmen der vorliegenden Arbeit habe ich zunächst nur die ersten beiden Teile des Verfahrens in bezug auf die Sendung „Sabine Christiansen" durchgeführt und werde daher verstärkt auf deren theoretischen Hintergrund und ihre genauere Verfahrensweise eingehen.

2.1 Theoretischer Hintergrund

Die Konversionsanalyse basiert theoretisch auf der von Alfred Lorenzer entwickelten tiefenhermeneutischen Kulturanalyse (1986). In dieser verbindet Lorenzer seine Methode der tiefenhermeneutischen Text- und Literaturinterpretation mit seiner Szenischen Symboltheorie (Lorenzer 1984,

1986). Ziel ist es, kulturspezifische Muster zu beschreiben, die sich in der Kunst im allgemeinen und in der Literatur im besonderen zeigen. U. Prokops Konversionsanalyse transferiert diese Methoden weiter zur Analyse und Beschreibung audiovisueller Medien und deren affektive Angebote für die Zuschauer.

Theoretischer Ausgangspunkt Lorenzers Kulturanalyse ist eine konflikthafte Spannung zwischen kulturell erlaubten und erwünschten Lebensentwürfen, die sich auf einer offen dargestellten/ausgesprochenen Ebene zeigen (*manifeste* Ebene) und gesellschaftlich verbotenen, verpönten Wünschen und Lebensentwürfen, die *latent* der manifesten Ebene zugrunde liegen und sich unterschiedlich, unbewusst äußern können. Diese Spannung erzeugt mehr oder weniger starke Affekte beim Zuschauer/Leser, denn die „Teilnahme am manifesten Drama verstrickt ihn in ein Erleben, dessen Hintergründigkeit ihn plötzlich ergreift, wobei manifester und latenter Sinn zueinander in Beziehung treten" (Lorenzer 1986, S. 37). Dieses affektive Verstricken geschieht, da das Latente zu weiten Teilen ein kollektiv geteiltes Unbewusstes ist, also kollektive Wünsche und Lebensentwürfe enthält, die sich nicht mit dem gesellschaftlichen Wertekonsens vereinen lassen und daher ausgestoßen werden. Die Angehörigen der Kultur teilen dieses Unbewusste und verstehen beim Lesen/Zuschauen daher nicht nur die offen liegenden manifesten Botschaften, sondern auch die nicht ausgesprochenen, verborgenen. Dies beinhaltet zweierlei: Zum einen zeigt es eine wichtige Aufgabe von Kunst/Literatur, nämlich gesellschaftlich Unbewusstes und Verpöntes zur Debatte zu stellen und eine Möglichkeit zu bieten, den herrschenden Konsens zu hinterfragen. Andererseits beinhaltet es die Möglichkeit, durch das genaue Wahrnehmen und anschließende Analysieren der Affekte, Zugang zu den zu Grunde liegenden kulturellen Konflikten zu finden. Ziel der tiefenhermeneutischen Kulturanalyse und weiter der hier angewandten Konversionsanalyse ist es also, die Spannung zwischen der manifesten und der latenten Ebene zu beschreiben, und damit den in Szene gesetzten Konflikt zu enträtseln und zu verstehen (vgl. Lorenzer 1986, S. 26f).

Um genauer zu beschreiben, wie der/die Einzelne in eine Kultur hineinwächst und lernt, die kulturellen Grenzen zwischen erwünschtem und verpöntem Verhalten zu lernen, bzw. wie sich diese symbolisch darstellen, werde ich kurz Lorenzers Theorie zur primären Sozialisation und über den Erwerb der Sprache beschreiben.

2.1.1 Die primäre Sozialisation

Lorenzer beschreibt u.a. in seinem Buch „Zur Begründung einer materialistischen Sozialisationstheorie", wie „die ‚innere Natur' des Kindes so in menschliche Praxis eingefädelt [wird], daß kindliche Entwicklung in vollem Umfang zugleich als Naturgeschichte wie auch als soziale Bildungsgeschichte aufgrund objektiver politisch-ökonomischer Prozesse gelesen werden kann" (1995, S. 11).

Ausgangspunkt ist, dass der Mensch von Anfang an abhängig vom Austausch mit seiner Umwelt ist. Dieser Austausch kann befriedigend oder unbefriedigend sein. Die erste Bezugsperson, in der Regel die Mutter, spielt dabei eine entscheidende Rolle, da sie mit dem Kind die ersten Interaktionssituationen erlebt. Ihr Organismus ist sogar pränatal die gesamte wahrgenommene Umwelt des Kindes. Jene ersten Interaktionen, wie z.B. das Stillen, sind dadurch geprägt, dass aufgrund der erforderlichen Bedürfnisbefriedigung eine Einigung zwischen Mutter und Kind hergestellt wird. Es handelt sich bei dieser Einigung um einen dialektischen Lernprozess, d.h. um eine schrittweise Einübung in ein gemeinsames Interaktionsspiel. „Eine eingespielte Befriedigungsweise legt die Wiederholung der Interaktion in eben dieser Form nahe, die sich als erfolgreich bewährt hat." Diese Wiederholung wird weiter „in dem Maße zum Wiederholungsdrang, in dem sich die befriedigende Erinnerungsspur materiell eingegraben, organisch verfestigt hat" (Lorenzer 1986, S. 44). Durch diesen dialektischen Prozess wird „Trieb" als Drang nach Bedürfnisbefriedigung sowohl vom kindlichen Organismus als auch – und das ist entscheidend – von der sich bietenden äußeren Umwelt inhaltlich bestimmt. Das Verhalten der Mutter und wenig später des gesamten sozialen Umfeldes ist ja seinerseits kulturspezifisch geprägt, so dass die Form der Bedürfnisbefriedigung über die vermittelnden

Personen gesellschaftlich hergestellt wird[10]. Aus diesen ersten Interaktions-
spielen und ihren situativen Zufälligkeiten bilden sich verhaltensbestim-
mende Grundmuster der Persönlichkeit, die zugleich individuell und kollektiv sind. Lorenzer nennt sie Interaktionsformen. Diese sind nicht nur
Niederschläge der bisherigen Lebenspraxis, also Erinnerungsspuren, sondern sie „sind als Niederschläge [...] zugleich Entwürfe, Schemata des zu-
künftigen Verhaltens" (1986, S. 43, vgl. auch S. 52). Entscheidend ist, dass
nicht einzelne Personen oder Gegenstände wahrgenommen und erinnert
werden, sondern gesamte Situationen, Szenen, so dass Lorenzer hier von
„szenischen Erinnerungsspuren" redet.

Im Laufe der Persönlichkeitsentwicklung lernt das Kind, diese Szenen zu
repräsentieren. Dies geschieht in *symbolischen* Interaktionsformen. Lorenzer unterscheidet hier zweierlei Arten: Die „sinnlich-symbolischen Interaktionsformen" sind solche, in denen das Kind im Spiel mit Gegenständen
das eigene Erleben in Szene setzt, es dadurch wiederholt und ggf. verar-
beiten kann. Diese Symbole stehen nach Lorenzer dem Unbewussten nahe.
Daneben fungiert Sprache als weiteres Symbolsystem für Interaktionen mit
der Umwelt. „Das Wort wird mit der Einführungssituation verschmolzen,
es wird ein Teil von ihr und vermag sie deshalb zu benennen [...]. Die Bedeutung des Wortes [...] hängt am Sinn der dort real gegebenen Interaktion"
(1995, S. 64). Ein Wort, das eine Situation, eine Szene repräsentiert, nennt
Lorenzer „sprachsymbolische Interaktionsform". Sprache ist dadurch ge-
kennzeichnet, dass man von der Ursprungssituation abstrahieren kann, d.h.
man kann durch Sprache, losgelöst von der Situation, reflektieren, planen
und probehandeln. Durch diese Reflektions- und Abstraktionsmöglichkeit
bilden sprachsymbolische Interaktionsformen nach Lorenzer das Bewusstsein. Das Erlernen von Sprache in den je eigenen Einführungssituationen
bietet die Grundlage für die individuelle Verbindung zu einzelnen Wörtern
und deren Bedeutung im eigenen Leben, aber „weil das Einzelwort Teil
eines objektiven Systems ist, in welchem sich die Praxiserfahrungen des

---

[10] Lorenzer beschreibt auch den Einfluss von Gegenständen, bzw. architektonischen
Anordnungen, die dem Kind in der Auseinandersetzung mit ihnen gesellschaftlich Ver-
haltensentwürfe bieten und vermitteln (Lorenzer 1992).

Kollektivs im Laufe der Geschichte niedergeschlagen haben, verfügt die Sprache insgesamt regulierend über Praxis" (Lorenzer 1986, S. 51). D.h. gerade in Sprache werden gesellschaftliche Werte, Strukturen und Verbote deutlich, die sich im Subjekt durch real erlebte Situationen niederschlagen. Gleichzeitig bedeutet das weiter, dass Sprache nicht nur Szenen symbolisch repräsentiert, sondern dass Wörter Handlungsanweisungen beinhalten. So bezieht sich das Wort „Messer" nicht einfach nur einen bestimmten Gegenstand, sondern auf verschiedene Situationen, in denen gezeigt und erlernt wurde, was man mit einem Messer machen kann, wie man kulturell akzeptiert damit umgeht und was gefährlich oder verboten ist. Im methodischen Enträtseln der manifesten und latenten Ebenen von Texten gilt es daher, nicht nur ein logisches Verstehen der Sätze und ihrer Inhalte zu erlangen, sondern ein „szenisches Verstehen", das Aussagen „als Ausdruck eines dramatischen Entwurfes" versteht (König 1987, S. 199).

Wichtig ist, dass nicht alle ursprünglichen Interaktionsformen sprachlich repräsentiert werden. Lorenzer unterscheidet folgende Arten nicht repräsentierter Formen:

> „1. Interaktionsformen, die nie in den Bereich sprachlich begrifflicher Handlungsnormen aufgenommen wurden;
> 2. diejenigen Interaktionsformen, die aus dem Sprachkonsensus wieder ausscheiden, weil die Entwicklung mehr oder minder zwanglos weiterschritt;
> 3. diejenigen Interaktionsformen, die *unter Zwang aus der Sprache ausgeschlossen*, zugleich aber als *Interaktionsformen fixiert* werden. Sie bezeichnen wir als Klischees." (Lorenzer 1995, S. 133)

Das Entstehen von Klischees ist also ein Akt der Desymbolisierung. Bereits sprachlich repräsentierte Interaktionsformen fallen unter eine Zensur, ohne dass eine Weiterentwicklung in eine neue vollzogen wird. Die verpönte, desymbolisierte Interaktionsform wird einerseits aus den in Sprache zu Wort kommenden Handlungsnormen ausgeschieden und gleichzeitig unter der Hand weiter fortgesetzt und gefördert. Das von der Interaktionsform abgespaltene Wort bezeichnet Lorenzer als „Zeichen". Es verliert in der Aufspaltung von Interaktionsform und Sprachsymbol „den Bezug zur sinnlichen Praxis, es wird emotionslos" (1986, S. 53). Entscheidend ist, dass jene fixierten, verpönten Interaktionsformen in der Desymbolisierung auf den Stand der vorsprachlichen, virulenten Interaktionsformen zurückfallen. Sie werden somit stets verzögerungslos abrufbereit, sobald sie durch entsprechende Situationsstimuli provoziert werden, da sie das Vermögen verloren haben, die Verhaltensmuster im sprachlichen Bedeutungssystem zu reflektieren, und dadurch in eben diesen Verhaltenskreislauf probehandelnd einzugreifen. Das Handeln kann also nicht mehr realitätsgerecht abgeschätzt werden. Statt dessen fordert der alte Situationszwang seine Rechte ein. Solches Handeln würde im konkreten Fall einer Talkshow als übertrieben oder unverständlich wirken und irgendwie nicht zu dem Gesagten passen. Genau solche Situationen, die den Zuschauer verwirren, oder wie es in der Konversionsanalyse heißt „irritieren", bieten einen Zugang zu dem latenten Sinnzusammenhang, der dem Offensichtlichen zugrunde liegt.

2.2 Praktisches methodisches Vorgehen

1. Die Konversationsanalyse beginnt mit dem Sehen der zu interpretierenden Sendung in einer Forschergruppe. Beim Sehen werden Wahrnehmungsprotokolle über eigene Eindrücke, Gefühle und Assoziationen auf Grund des Sendungsangebotes angefertigt. Hintergedanke dessen ist, dass die erste Reaktion den Zugang zum Verstehen bietet. Diese Selbstbeobachtung während des Sehens wird „naives Sehen" genannt, da es nicht darum geht, „distanzierte Urteile oder kritische Reflektionen zu erfassen; im Gegenteil geht es um die spontanen Reaktionen und Assoziationen" (U. Prokop et al. 2000, S. 55). Während dieser Phase ist Kommunikation innerhalb der Gruppe untersagt, um gegenseitige Beeinflussung und gruppendynamische Wertungen zur Sendung zu vermeiden. Die Wahrnehmung erfolgt ungerichtet, mit „gleichschwebender Aufmerksamkeit", lediglich geleitet von den eigenen alltagspraktischen Vorannahmen.

2. Direkt im Anschluss an das gemeinsame Sehen werden die Wahrnehmungsprotokolle in der Gruppe vorgestellt. Dies geschieht ohne Kommentierungen oder Wertungen der anderen Gruppenmitglieder. Die Beiträge und die anschließende Diskussion werden auf Tonband aufgenommen und transkribiert. Der Einstieg in die Gruppendiskussion erfolgt über Irritationen auf Grund der Sendung, also über Situationen, die besonders intensiv

oder kontrovers wahrgenommen und empfunden wurden. Dies können entweder Situationen gewesen sein, in denen das tatsächliche Geschehen nicht den eigenen Erwartungen entsprach, oder wenn ein besonders starker Eindruck oder Affekt ausgelöst wurde. Neben inhaltlichen Aspekten kann dies zum Beispiel auch ein aggressives, hohes Sprechtempo, ein langweiliger Studioaufbau oder eine verwirrende Kameraführung sein. Hier kristallisieren sich unterschiedliche Wahrnehmungen und Assoziationen innerhalb der Gruppe heraus. Wichtig ist, dass diese nicht argumentativ ausdiskutiert und „gelöst" werden, so dass man zu einer einheitlichen Beschreibung der Sendung gelangt, sondern dass man „die im Text [bzw. in der Sendung, B.S.] auftauchenden Gegensätze als Ausdruck eines Konfliktes zwischen anstößigen Triebansprüchen und der herrschenden Moral" begreift (König 1987, S. 204). Es gibt deshalb keine „falschen" Wahrnehmungen, „sondern ein in seiner Angemessenheit verschieden weitreichendes Verstehen" (Leithäuser et al. 1988, S. 253). Eine offene, vertrauensvolle Atmosphäre innerhalb der Gruppe ist daher entscheidend, um gerade auch jene Assoziationen und Eindrücke zu benennen und zu diskutieren, die sonst der logischen oder kulturell anerkannten Zensur zum Opfer fallen würden. Wahrnehmungen werden immer wieder an der Sendung, dem Material selbst verdeutlicht, spezifiziert und vertieft. Meist kristallisieren sich zwei, drei Irritationen heraus, die am meisten und heftig diskutiert werden. In diesen Diskussionen wird in der Regel deutlich, dass es nicht unendlich viele Wahrnehmungen gibt; die „„Festigkeit' des auf seiner Aussage bestehenden Textes setzt sich gegen die ‚Willkür' wilder Deutungsversuche durch" (König 1987, S. 203).

3. In einer „formalen Inhaltsanalyse" wird die Sendung dann in bezug auf Themenblöcke chronologisch beschrieben. Dies beinhaltet a) die spezielle Thematik, die verhandelt wird, allgemein und in verschiedenen Phasen; b) die Beschreibung des Genres, also welches affektive Klima mit den einzelnen Phasen verbunden wird; c) Überprüfung, wie die einzelnen Gäste in ihren Äußerungen durch die Interventionen der Moderation oder durch andere Techniken (Laufbänder, Unterbrechungen etc.) auf die Einhaltung der Grenzen des Genres festgelegt werden; d) Gestaltung des Settings, Aufbau des Studios, Anordnung der Gäste, des Publikums, incl. besonderer Be-

achtung, welche Aspekte wie visuell besonders hervorgehoben werden und
e) Beschreibung dessen, wie Öffentlichkeit inszeniert wird, Einsatz von
Beifall, Kameraführungen, Auswahl von „geeigneten Gesichtern" für Einblendungen aus dem Publikum (vgl. U. Prokop et. al. 2000, S. 55).

4. Das Vordringen zur manifesten und latenten Sinnebene erfolgt im Rahmen der Gruppendiskussionen über die Systematisierung der Irritationen zu
zentralen Themen. Unter zur Hilfenahme der Diskussionsprotokolle werden
ebenfalls mit gleichschwebender Aufmerksamkeit ähnliche Szenen miteinander in Verbindung gebracht und verglichen, um sich im gegenseitigen
Befremden Szenen erläutern zu lassen. Ziel ist es hier, Szenen zu Komplexen zu organisieren und zentrale Problemzonen im Material zu finden. Dieser Suchprozess im Hin und Her zwischen Diskussion, Protokollen und der
Sendung selbst ist langwierig und schwierig. Lorenzer warnt vor zu vorei-
ligen Schlüssen auf die latente Ebene, denn gibt man „dem latenten Sinn zu
schnell einen Namen, so verkürzt man nicht nur die sinnliche Hülle der Bedeutungen zugunsten des ‚Verbalisierbaren', man läßt auch zuviel sozial
Anstößiges, Noch-nicht-Bewußtseinsfähiges und deshalb Unsagbares zurück" (Lorenzer 1986, S. 58). König beschreibt dies so:

> „Dabei darf nicht übersehen werden, daß die Bestimmung des manifesten
> und des latenten Textsinns erst sehr spät möglich ist: Solange der Kultur-
> soziologe damit beschäftigt ist, die ihn irritierenden Szenen zu analysieren
> und zueinander in Beziehung zu setzen, kümmert er sich nicht darum, ob
> sein Verstehen, der Verständigung über den Handlungs- und Geschehens-
> ablauf dient, der sich wie ein roter Faden durch den Text zieht, oder ob er
> sich den Sinn der in Bildern und Szenen zur Geltung kommenden anstößi-
> gen Lebensentwürfe vergegenwärtigt. Erst wenn durch die Interpretation
> der sich gegenseitig auslegenden Szenen die konkrete Gestalt der Tiefen-
> struktur des Textes faßbar wird, fragt er danach, welche Sinnzusammen-
> hänge manifest und welche latent sind und wie sich deren Verhältnis zu-
> einander darstellt" (König 1987, S. 205).

Die vermuteten zentralen Problemzonen werden immer weiter durch er-
neutes Einspielen der Szenen, durch Assoziationswahrnehmungen und Diskussionen zu Grundmustern verdichtet, die dann auf das innere Spannungsverhältnis der latenten und manifesten Ebene hin untersucht werden. Mit
Hilfe des „szenischen Verstehens" werden darüber hinaus auch die eigenen

Übertragungsmechanismen (einzelner bzw. der Gruppe) Gegenstand der Deutungsarbeit, da sich konflikthafte Themen auf Grund der Sendung ebenfalls im Gruppenprozess spiegeln. Die strukturähnlichen Szenen erweisen sich im Laufe der Interpretation als Variationen eines Grundmusters, das schließlich beschrieben und benannt werden kann. Ein gutes Ergebnis zeichnet sich dadurch aus, dass es einen erhellenden, fast überraschenden Blick auf die Sendung und ihre Problematik gibt. Es bietet ein tieferes Verständnis der Sendung und der in ihr dargestellten Konflikte, die während der Interpretationsphase oft als undurchdringlich und chaotisch erlebt werden.

Ziel der Konversionsanalyse ist es also, die Sendung und ihr Angebot an die Zuschauer in ihrer Komplexität zu beschreiben. Zentrale Fragen sind hier, welches Spiel in der Sendung gespielt wird, was darf nicht zur Sprache gebracht werden, was dagegen wird wie zur Sprache gebracht? Denn nur weil ein Thema in einer Sendung systematisch umgangen wird, heißt es nicht, dass es nicht vorhanden ist. Ziel ist also, das Nichtsprachliche in Sprache zu fassen. Dabei ist auch wichtig, welche Haltung die Zuschauer auf Grund der Sendestruktur scheinbar einnehmen sollen, aber vor allem auch, wie Zuschauer tatsächlich mit dem Angebot umgehen. „Die Deutung sollte nicht unbedingt einfach Zustimmung finden, aber geeignet sein, von den Beteiligten aufgegriffen und kritisch weiterentwickelt zu werden" (U. Prokop et al. 2000, S. 56). Eine gelungene Deutung produziert daher keine endgültigen Wahrheiten, sondern aktiviert LeserInnen zu neuen Einfällen und zur Weiterentwicklung, auch gegenteiliger. Erwähnt sei hier, dass die Intentionen und „tatsächlichen" Meinungen der ProduzentInnen, des Senders und der Moderatorin bei der Interpretation nicht berücksichtig werden. Es geht also nur um das fertige Angebot, das auf dem Bildschirm präsentiert wird, weswegen ich auch während meiner Untersuchung bewusst nicht live an der Sendung in Berlin teilgenommen habe.

Wie bereits beschrieben dient diese erste Interpretation in der Forschergruppe als Folie, mit der in einem weiteren Schritt die Wahrnehmungen und Diskussionsstruktur von Publikumsgruppen zur selben Sendung verglichen werden. Daraus können weitere Schlüsse auf unterschiedliches Rezeptionsverhalten auf Grund von Alter, Milieuzugehörigkeit, Geschlecht etc. gezogen werden. Dieser Schritt entfällt in der vorliegenden Arbeit, so dass ich das genaue methodische Vorgehen dazu nicht weiter beschreiben werde[11].

2.3 Modifikationen der Methode in der vorliegenden Arbeit

Aufgrund verschiedener Umstände konnte in der vorliegenden Arbeit die Methode nicht vollständig wie oben beschrieben angewandt werden.

Zum einen stand mir keine eigene, durchgängig arbeitende Forschungsgruppe zur Verfügung. Statt dessen habe ich mit unterschiedlichen Gruppen Sendungen angeschaut und Assoziationen gesammelt. Eine Gruppe bestand in der Regel aus vier StudentInnen, meist in der Endphase des Pädagogikstudiums, immer mind. ein männliches Mitglied und immer auch ein Studierender aus den Naturwissenschaften, die sich mindestens über drei Treffen von ca. 3-4 Stunden trafen. Dies bot zwar eine gewisse Konstanz für Wahrnehmungen und erste Interpretationsansätze für eine Sendung, dennoch kann nicht von einem Gruppenprozess im oben beschriebenen Sinne gesprochen werden, in dem gemeinsam über einen längeren Zeitraum miteinander bis zu einer abschließenden Deutung gerungen wurde, bzw. in den auch eine Reflektion des Gruppenprozesses einfließen konnte. Um diesen Mangel zu kompensieren, und nicht nur eigene Wahrnehmungen zu vertiefen und zu deuten, versuchte ich auf verschiedener Weise im Austausch mit anderen „SeherInnen" zu sein. Zum einem waren dies regelmäßige Treffen und Diskussionen zum Thema mit der Forschungsgruppe „Tiefenhermeneutik" des Instituts Erziehungswissenschaften der Universität Marburg, die so als Supervision für meine Arbeit fungierte. Als Reflektion dienten auch einzelne Gespräche mit Frau Prof. Dr. Ulrike Prokop, das Führen eines Forschungstagebuches und lange, intensive Diskussionen mit FreundInnen.

---

[11] siehe vertiefend hierzu Prokop, Stach, Welniak 2000.

Eine wesentliche weitere Veränderung erwächst aus dieser Situation. Beim Anschauen und Diskutieren über Sendungen mit Gruppen hatte ich mit fortschreitender Vertiefung in die Thematik eine Moderatorinnenrolle inne, in der ich mich eher aus der Wahrnehmungs- und Interpretationsdebatte herausnahm und beobachtete, anstatt aktiv an Diskussionen und Kontroversen teilzunehmen, um Assoziationen und Diskussionsthemen nicht mit meinen Vorannahmen zu beeinflussen und die Phantasietätigkeit der Gruppe nicht zu lenken.

Weiter waren Modifikationen der formalen Inhaltsanalyse auf Grund des Forschungsgegenstandes nötig. Die Konversionsanalyse ist aus der Analyse von Affekttalkshows, die nachmittags und abends auf vorwiegend privaten deutschen Fernsehsendern ausgestrahlt werden, entstanden[12]. Jene Affekttalkshows zeichnen sich dadurch aus, dass sie verschiedene Einzelthemen behandeln, die in der Regel einem Oberthema untergeordnet sind. Diese Einzelthemen sind meist durch verschiedene Gäste als „individuelle Fälle" personifiziert, die ihre Geschichte erzählen und verhandeln (lassen). Dies macht eine Unterteilung einer konkreten Sendung in Themenblöcke einfacher und klarer. Bei „Sabine Christiansen" dagegen diskutieren in der Regel sechs Personen, die von Anfang bis Ende anwesend und gefragt sind. Die Diskussion dauert gut 50 Minuten und wird von keiner Werbepause unterbrochen. Sicherlich lassen sich verschiedene Phasen der Diskussion mit ebenfalls unterschiedlichen Unterthemen ausmachen. Diese voneinander zu separieren, ist allerdings nicht so augenfällig und folgt einem nicht so starren Verlaufsschema der Sendung wie in jenen Affekttalkshows. Die Aufteilung in Themenblöcke oder Diskussionsphasen ist damit eher ein Teil der Interpretation als des formalen Beschreibens.

Mit Hilfe einer dichten Beschreibung werde ich im folgenden die Sendung „Sabine Christiansen" abschnittsweise darstellen. Dies wird an Hand einer Sendung vertieft geschehen, in die vergleichende Untersuchungen mit einer Reihe anderer Sendungen aus der Zeit von September 2000 bis September

---

[12] Erste Analysen entstanden zur Sendung „Schreinemarkers live", die von *SAT 1* produziert wurde. Weitere Sendungen waren dann „Arabella Kiesbauer" (*PRO 7*), „Andreas Türck" (*PRO 7*), „Harald Schmidt" (*SAT 1*) und „Big Brother" (*RTL*).

2001 eingehen. Die Eindrücke und Assoziationen der Interpretationsgruppe fließen entweder bereits in die Beschreibung mit ein oder sind jeweils direkt angeschlossen und werden in Zwischenergebnissen zusammengefasst. Hierzu habe ich die Assoziationen zweier verschiedener Gruppen (einer eigenen und der Forschungsgruppe Tiefenhermeneutik) wie eine Gruppe dargestellt. Die genauere Unterscheidung habe ich vernachlässigt, da es sich um relativ gleiche sozioökonomische Strukturen in den Gruppen handelte und damit mögliche Unterschiede der Rezeption sehr gering waren. Vorteilhaft für meine Forschungssituation ohne kontinuierliche Interpretationsgruppe war, dass sich so mehr kontroverse Sichtweisen auf den Gegenstand ergaben. Während normalerweise eine Forschergruppe auf Grund dieser Kontroversen in eine Diskussion und auf die Suche nach der manifest-latenten Sinnstruktur kommt, habe ich versucht dies stellvertretend in der Interpretationstätigkeit während des Schreibens zu tun.

Dass sich aus den dargestellten Assoziationen und Eindrücken auch politische Meinungen der Gruppe oder mir spiegeln, ist sozusagen ein Nebenprodukt der angewandten Methode. Ziel ist es ja nicht, von außen, als scheinbar neutrale Beobachterin auf einen Text zu schauen und diesen zu beschreiben, sondern sich bewusst in den Text zu involvieren, also nicht *über* ihn zu sprechen, sondern *aus ihm heraus*.

TEIL II

„AKTUELLE THEMEN, INTERESSANTE GÄSTE, KONTROVERSE DISKUSSIONEN"

„Tabu-Thema Einwanderung?" – Sendung vom 22.10.2000

Die Sendung vom 22. Oktober 2000 mit dem Titel „Tabu-Thema Einwanderung?" kann von ihrer Gestaltung, der Struktur sowie der Gästeauswahl als typisch angesehen werden. Ihr Diskussionsinhalt reiht sich ein in ein Themenfeld, das um die Themen Ausländer, Asyl, Einwanderung, Rechtsradikalismus und deutsche Identität kreist und bei „Sabine Christiansen" immer wieder Gegenstand der Diskussion ist. Da dies ein wichtiges und sensibles Thema in Deutschland ist, habe ich sie für eine genauere Betrachtung und Interpretation ausgewählt, um daran beispielhaft zu zeigen, wie mit solchen Themen in der Sendung umgegangen wird. Die Sendung wurde laut Einschaltquote von 3,85 Millionen Menschen gesehen, was einem Marktanteil von 13,9 % entspricht.

Die Einführung in die Sendung und das Diskussionsthema werden in den ersten sechs Minuten einer Sendung präsentiert (Kapitel 3). Danach folgt die ca. 55-minütige Diskussion, deren Inhalt ich in Kapitel 4 darstellen werde, um dann in Kapitel 5 zu beschreiben, wie sich die Diskussionsatmosphäre gestaltete. Im Anschluss daran (Kapitel 6) werde ich auf die Rolle Christiansens als Moderatorin eingehen.

3. Die ersten sechs Minuten

3.1 Der Vorspann

Die Sendung beginnt mit einem Vorspann, bei dem sich der typische Schrift-zug des Sendungsnamens in verschiedenen Größen gleichzeitig von rechts nach links und links nach rechts bewegt. Alles ist in verschiedenen Nuancen eines klaren, tiefen und deutlichen Blaus zu sehen. Dieses Blau ist bei „Sabine Christiansen" zwar oft zu sehen, man findet es aber auch im Vorspann und als Hintergrund der Nachrichtensendungen der ARD und des ZDFs. Durch diese Verbindung hat die Interpretationsgruppe dieses Blau „Nachrichtenblau" ge-nannt. Auf diesem Hintergrund ist Christiansen ganz in nachrichtenblau erst laufend und dann auf einem Fernsehbildschirm zu sehen. Danach werden Portraits verschiedener wichtiger Vertreter der nationalen und internationalen Politik und Gesellschaft eingeblendet, ebenfalls sich von links nach rechts und umgekehrt bewegend. Man sieht u.a. Bundeskanzler Gerhardt Schröder, Uni-onsvorsitzende Angela Merkel, Außenminister Joschka Fischer, Günther Grass, Salman Rushdi und Bill Gates beim Diskutieren. Ab und zu ist Christi-ansen selbst beim journalistisch gekonnten Nachhaken oder interessierten Zu-hören miteingereiht. Untermalt wird der Vorspann mit Musik, bei der haupt-sächlich der Rhythmus eines Basses auffällt, wozu eine ähnliche Instrumen-tengruppe wie zur „Tagesschau" kleinere Melodiesequenzen spielt, die sich dem Rhythmus unterordnen. Der Vorspann endet mit einem Blick von außen auf das Sendestudio, dessen markantestes Markenzeichen eine gläserne Halb-kugel ist. Diese Kuppel ist im Vorspann in nachrichtenblau gefärbt und wird in ihrer Mitte vom Schriftzug „SABINE**CHRISTIANSEN**" abgeschlossen. Die Kuppel öffnet sich von der Mitte her zu beiden Seiten; gleichzeitig schwebt man mit der Kamera in die Kuppel hinein, fast wird man von ihr an-gesogen. Zum unteren Bildrand hin, kommt dem Zuschauer der Schriftzug entgegen und verschwindet. Kurz wirft man einen Blick von oben ins Innere des Studios, das warm und angenehm wirkt. Die Musik steigert sich während dessen zu einem modern klingenden Tusch, der vom Applaus der Zuschauer im Studio abgelöst wird.

In der Interpretationsgruppe reagierte man leicht enttäuscht und empört, als im nachhinein klar wurde, dass im Vorspann Prominente gezeigt werden, die in der aktuellen Sendung gar nicht zu sehen sind. So wird dieses Aufreihen einerseits als arrogant und angeberisch empfunden, als wolle man nur zeigen, die Wichtigsten der Wichtigen sind bei „Sabine Christiansen". Gleichzeitig macht sich Scham breit, als ungebildet und uninformiert gelten zu können, falls man nicht alle im Vorspann Gezeigten kenne. Das drückt sich dann auch in der Mutmaßung aus, dass man wohl wen auch immer dort mit einreihen könne, man würde immer den Eindruck bekommen, er/sie sei wichtig. [13]

3.2 Begrüßung und Einführung ins Thema

Im Inneren des Studios angelangt, sieht man zuerst Christiansen in einer Totalen, die nickend und freundlich lächelnd die Zuschauer im Studio begrüßt. Danach führt ein schneller Kameraschwenk über das applaudierende Publikum, kurz bekommt man einen Überblick des Studios inklusive der bereits unter der Glaskuppel sitzenden Talkgäste, um anschließend wieder Christiansen zu sehen, die im Applaus die Zuschauer weiter begrüßt. Sabine Christiansen steht an einem hohen Tisch, rechts neben ihr im Bild steht das Thema der Sendung auf einem riesigen Bildschirm. Der Hintergrund auf dem Bildschirm ist eine dynamisch-schiefe, sehr unscharfe, nachrichtenblaue Detailabbildung der Glaskuppel. Die Mitte des Bildes wirkt – vor allem auf den ersten Blick – wie ein heller explodierender Fleck. Aus dieser Mitte prangt in großen Lettern das Thema der Sendung hervor.

Christiansen beginnt mit der Einführung in das Thema noch im abklingenden Applaus. „Ja, es geht hoch her in diesen Tagen, um ein sehr sensibles Thema, dem Umgang mit der Einwanderung." Neben dem grossen Bildschirm wirkt

---

[13] Der Vorspann wurde im Frühjahr 2001 leicht verändert. Das Blau z.B. ist nun heller und andere Prominente werden gezeigt.

Christiansen auf die Interpretationsgruppe klein und unscheinbar. Mit ihrem hellbrauen Jacket verschmilzt sie förmlich mit dem Studio, dem hölzernen Rahmen des Bildschirms und dem Parkettfußboden. Es wirkt, als gehöre sie ebenso wie der Tisch und der Fussboden zum Inventar.

Im folgenden erfährt man, dass man öffentlich diskutiere, ob Zuwanderung ein Wahlkampfthema sein könne. Angezettelt habe diese unglückliche Debatte Unionsfraktionschef Merz mit seinen jüngsten Äußerungen zur deutschen Leitkultur, die selbst die eigenen Reihen spalte. So sei aus der Zuwanderungsdebatte flugs eine Personaldebatte um die Führung der Union geworden. „Das eigentliche Problem aber ist, keine Seite – weder Regierung noch Unionsparteien – scheinen schlüssige Konzepte und klare Vorstellungen darüber zu haben, wer künftig ins Land soll und wer nicht." Dabei sei dies ein wichtiges Zukunftsprojekt, denn fest stehe, unsere Volkswirtschaft sei in Zukunft auf hunderttausende von Einwanderern angewiesen. „Warum wird es also nicht angepackt? ‚Tabu-Thema Einwanderung?' fragen wir heute und ich begrüße ganz herzlich hier im Studio...“

Während der Einführung ins Thema hat Christiansen ein paar Blätter Papier leicht gerollt in der Hand. Das wirkt auf die Gruppe seriös und gut vorbereitet; anscheinend informiert sie die Zuschauer aufgrund einer fundierten journalistischen Recherche. Neben dem Bildschirm wirkt sie aber auch wie eine Lehrerin, die streng das heutige Unterrichtsthema auf ihrer überdimensionalen Tafel präsentiert. Die Kamera kommt während ihrer Anmoderation auf sie zu. Das riesige Thema auf dem Bildschirm wird kleiner, Hintergrund und Vordergrund tauschen die Plätze. Schliesslich sieht man nur noch Christiansen in einer Totalen. Die Assoziation dazu war, dass sie das Thema nun nicht nur präsentiert, sondern auch *re*präsentiert.

3.3 Vorstellung der Gäste

Im Anschluss an die Einführung ins Thema stellt Christiansen ihre Gäste vor. In den jeweiligen Kameraeinstellungen sieht man jeden einzelnen für sich, während Christiansen neben dem Namen auch genauere Angaben zu Funktionen in der Politik oder Wirtschaft macht, die sie meist mit kurzen Zitaten/Aussagen desjenigen kombiniert. Untermalt wird die Vorstellung der Gäste mit der Titelmusik der Sendung.

Als erstes wird Jürgen Rüttgers, stellvertretender CDU-Vorsitzender, vorgestellt. Er lächelt und nickt etwas gestellt und gezwungen in die Kamera. Christiansen erwähnt seinen Slogan „Kinder statt Inder," mit dem er ein halbes Jahr zuvor gegen die Greencard für Informationstechniker protestierte und in die öffentliche Kritik gelang. Dabei schaut er immer noch lächelnd, zwar verkrampfter, aber auch überlegen zu ihr und zieht eine Augenbraue hoch. Er nickt abschließend noch einmal und bewegt verschmitzt lächelnd seinen Mund zu einem Hallo. Er wirkt auf die Interpretationsgruppe bei seiner Vorstellung selbstsicher und über den Dingen schwebend, aber auch abgebrüht und so als sitze er Kritik einfach aus.

Danach stellt Christiansen Thomas Goppel, den Generalsekretär der CSU, vor. Man sieht ihn noch bevor sie seinen Namen sagt, so dass er erst nach unten schaut, dann plötzlich den Kopf hebt, wie als wenn er aufgerufen worden wäre, dann lächelt er artig in die Kamera und nickt. Christiansen erzählt über ihn, dass er offensiv vertrete, Einwanderer müssten sich an die Hausordnung in Deutschland halten, was aber nach seinen Worten nichts mit Fremdenfeindlichkeit zu tun habe. Während sie das sagt, schaut er zu ihr, dreht also den Kopf weit zur linken Seite, lächelt dabei, diesmal aber angegriffen, wie die Gruppe empfand, verärgert, überlegen; er zieht die Augenbrauen hoch und benickt selbstbewusst, offensiv und kampfbereit Christiansens letzte Bemerkung, dass das mit Fremdenfeindlichkeit nichts zu tun habe. Dann dreht er den Kopf wieder und lächelt mit schräg gehaltenem Kopf ins Publikum.

Der nächste Gast ist der Vorsitzende der Bundestagsfraktion von Bündnis 90/Die Grünen Rezzo Schlauch über den Christiansen sagt, er warne die CDU vor einem Rechtsruck, „herzlich willkommen Herr Schlauch!" Schlauch wendet zu Beginn seiner Vorstellung ein wenig den Kopf, so dass er gerade in die Kamera schaut. In dieser Haltung verharrt er scheinbar unbewegt, mit schmalen Lippen und durchweg nach unten gezogenen Mundwinkeln, nur kurzzeitig wendet er unruhig die Augen leicht von der Kamera weg. Schlauch wirkt auf die Interpretationsgruppe wie ein schwerfälliger Broken. Man denkt zunächst er sei sicherlich jemand aus dem konservativen Lager und ist überrascht, dass Schlauch Vertreter der Bündnisgrünen ist. Das Rot seines Schlips und das Schwarz seines Anzugs werden mit Kampffarben assoziiert.

Ohne Einblendung von Zuschauern wird bereits im Applaus für Schlauch Ute Vogt gezeigt, so dass sie einige Sekunden unbewegt, aber über ihre Einblendung gewahr, gezeigt wird. Sie sei Vorsitzende des Bundestagsinnenausschusses und „von daher mit dem Thema beschäftigt". Vogt wartet mit ihrem begrüßenden Lächeln bis sie denkt, Christiansen hätte fertig gesprochen und nickt bis dahin nur leicht. Christiansen berichtet dann aber weiter, dass Vogt SPD-Spitzenkandidatin in Baden-Württemberg sei, was besonders spannend sei, da dort im nächsten Frühjahr (2001) die nächsten Wahlen stattfänden. Vogt ist unter diesen Zusätzen von Christiansen ständig damit beschäftigt, zu nicken, zu lächeln, in die Kamera oder an der Kamera vorbei zu Christiansen zu schauen, bzw. grinst bei der Aussage, es sei spannend, schaut gleich danach wieder sehr ernst, mit hochgezogenen Augenbrauen, aber gesenktem Blick und bejahendem Nicken, dass Wahlen stattfänden, und lächelt abschließend in die Kamera. Bei Vogt fiel der Interpretationsgruppe spontan ihre Kleidung, ein hellgrauer Anzug, auf, der zwar seriös aussah und dem Anlaß entsprach, aber nach dem Empfinden der Gruppe nicht zu ihrem Typ passte. Außerdem sei ihre Kette komisch und unpassend. Sie wirkte ruhig und dezent, hatte ein hübsches Gesicht und stach positiv aus dem Einheitsbrei der grauhaarigen Herren im Anzug heraus. Sie wirkte ein wenig unsicher, als ob sie nicht wisse, wohin sie schauen sollte und hatte ein bösartiges Funken in ihren Augen.

Nach applaudierenden Zuschauern wird Volker Jung gezeigt, der sofort in die Kamera nickt. Jung sei Präsident des Bundesverbandes Informationswirtschaft, Telekommunikation und neue Medien. Während seiner Vorstellung schaut er ein bisschen schüchtern und artig in die Kamera. Christiansen berichtet, ohne schnelle Reformen werde Deutschland im globalen Wettbewerb verlieren, und das meine auch Herr Jung. Jung dreht dabei einmal kurz den Kopf zur Seite und wendet den Blick ab und zieht kurz einen Mundwinkel zu einem Lächeln nach oben, kommt danach aber wieder in seine ursprüngliche Kopfhaltung zurück und verharrt so die restliche, scheinbar lange Zeit abwartend, bis Christiansen zu Ende gesprochen hat. Abschließend bejaht und benickt er ihre Aussage. Im darauffolgenden Applaus ist er weiter eingeblendet, erst schaut er etwas entspannter zur Seite, bemerkt dann aber, dass er noch immer gezeigt wird, und schaut dann noch einmal in seiner Pose in die Kamera. Jung wirkt, besonders weil er direkt nach der jungen hübschen Vogt gezeigt wird, auf die Gruppe unscheinbar und eher hässlich.

Zum Schluss stellt Christiansen Dietmar Schönherr vor. Er sei im letzten Jahr mit dem Heinz-Gallinski-Preis ausgezeichnet worden, da sein Wirken geprägt sei von Toleranz, Verständigung und gegenseitigem Respekt. Schönherr sitzt sicher und entspannt und schaut dabei ernst und weise. Er schaut nicht in die Kamera, sondern hört zunächst nur zu, was Christiansen sagt, dreht dann den Kopf zu ihr und blickt wartend und genau zuhörend zu ihr, nickt dann etwas entspannter als sie von Toleranz spricht und zieht die Mundwinkel kurz zu einem leichten Lächeln hoch. „Der 74-jährige Schauspieler und jetzt auch Romanautor war oft auch Fremder anderswo, in anderen Ländern". Schönherr zieht einmal kurz die Augenbrauen zusammen, lächelt einmal sparsam und wirkt insgesamt ruhig und ernst, aber auch zufrieden. Abschließend nickt er tief ins Publikum, steht aber klar über den Zuschauern. Die Interpretationsgruppe diskutierte, dass das Erwähnen von Toleranz scheinbar sehr wichtig für ihn war. Er wirke wie ein Großvater oder ein Almöhi aus den Alpen.

Auffällig ist, dass die Gäste bedingt durch den unterschiedlichen Aufbau des Studios jeweils unterschiedliche Hintergründe haben. Dies bringt Abwechslung in die Vorstellungsrunde, die ansonsten als eher unnötig lang betrachtet wird. Besonders auffällig ist dies bei Jung, dem Vertreter der Wirtschaft, der den hellblau leuchtenden Riesenbildschirm als Hintergrund hat, durch den er selbst wie schwebend, nicht im gleichen Raum wie die anderen und unreal wirkt. In der Gruppe diskutierten wir den Zwang, bei einer solchen Präsentation ernst und seriös wirken zu müssen. Die Vorstellung, dass man im Focus einer Kamera steht und jemand über einen erzählt, wurde als unangenehm und wie ausgeliefert sein empfunden.

Kurz bekommt man einen Überblick über das Studios, bei dem gleichzeitig am unteren Rand des Bildes ein Hinwies zur Homepage und zum „Chat zum Thema" eingeblendet wird. Danach leitet Christiansen, gezeigt in einer Totalen an ihrem Tisch, über zu einem kurzen Filmbeitrag. Sie fragt, ob in Zeiten von rechtsradikaler Gewalt und der Diskussion um ein NPD-Verbot das Thema Einwanderung ein Thema für den CDU-Wahlkampf sein könne/dürfe.

3.4 Der Film

Mit spannungsgeladener, explosiver Musik sieht man auf rotem Untergrund „Mitten im Kulturkampf" geschrieben. Christiansens Stimme fragt im Hintergrund: „Mal ehrlich, hätten sie *das* der CDU zugetraut?" Wie ein Vorhang öffnet sich das Bild von der Mitte her und man hört nacheinander drei Personen unterschiedlichen Milieus „nein", „jein" und „ja, ja" antworten. Christiansen weiter: „Dass ausgerechnet ein Christdemokrat aus dem Sauerland, Mao Tse-Tungs Nachfolge als Kulturrevolutionär antritt". Dazu sieht man Friedrich Merz in Zeitlupe, lächelnd auf einem Stuhl in einem Arbeitszimmer sitzen. Am unteren Bildrand steht in einer asiatischen, roten Schrift „Glossel Volsitzendel Fliedlich Melz". Scharfsinnig habe er ein Problem erkannt und gehe es entschlossen an. Hierbei wird ein Filmausschnitt rücklaufend eingeblendet, so dass Merz umgeben von Journalisten, den Kopf schüttelnd und verteidigend lachend, rückwärts in eine Tür mit der Aufschrift „Notausgang" heraus/hineinläuft. Dabei fängt eine kleine, traditionelle Musikgruppe an zu spielen, die nach Christiansens weiterem, Merz zitierenden Kommentar, dass zu viele Kulturen auf deutschem Boden um die Vormacht kämpften, die Liedzeile „Horch, was kommt von draußen rein, hollahi, hollaho" im fröhlich, volkstümlichen Stil singt.

Der Interpretationsgruppe kommen Assoziationen wie Kasperletheaterspiel in den Sinn. Der Zusammenhang zwischen der Kulturrevolution und dem Merz'schen Begriff der „Leitkultur" wird durch die lediglich kurze Erwähnung als weithergeholt empfunden und daher teilweise erst nach mehrmaligem Schauen verstanden.

In der nächsten Szene sieht man unter fröhlichem Singen von „Horch, was kommt von draußen rein, hollahi, hollaho" die CDU-Geschäftsstelle aus einer starken Froschperspektive, so dass die obere Ecke des Hauses wie eine gläserne Spitze in den Himmel sticht. Im Vordergrund sieht man wie ein Döner und eine Frühlingsrolle auf einem Pappschälchen erst nacheinander, dann gleichzeitig ins Bild platziert werden. Christiansen beschreibt weiter, dass sich deswegen Einwanderer der deutschen Leitkultur unterordnen müssten. Zum Ausdruck der „deutschen Leitkultur" sieht man eine Bratwurst mit Pommes frites in den Bildvordergrund platzen. Im weiteren, fröhlichen Liedverlauf sieht man nun den Döner, die Frühlingsrolle und die Bratwurst immer wieder an unterschiedlichen Stellen, fast tanzend. Es gäbe sonst ein Multikulti-Kuddelmuddel und nicht genügend Raum für die deutsche Leitkultur, so der weitere Kommentar, wobei eine große Hand auf den Döner fasst und ihn aus dem Bild wegschiebt und damit -wieder zum Begriff „deutsche Leitkultur"- der Bratwurst Platz macht. Doch, so fragt Christiansen weiter, was nütze ein schlüssiges Konzept, wenn die eigenen Parteifreunde die Merz'sche Leitkultur in Zuwanderungsfragen unterwanderten? Hierzu sieht man in Zeitlupe Jürgen Rüttgers mit einem Parteikollegen in einem Konferenzraum.

Danach sieht man in die Spitze des CDU-Gebäudes Vertreter der CDU eingeblendet. Der erste sagt, dass Einwanderung in die Bundesrepublik Deutschland nicht nur eine Belastung, sondern unter vielen Aspekten auch eine Bereicherung sei. Hierzu sieht man im Vordergrund zunächst die Bratwurst im Bild, dann aber plötzlich nur die Frühlingsrolle, zu der der Döner dazugeschoben wird. Als nächstes sagt Jürgen Rüttgers – ohne Essen im Vordergrund – er könne nicht sagen, welche Politik die CDU momentan in der Ausländerpolitik verfolge. Unionsvorsitzende Angela Merkel sagt, die CDU lasse sich Themen nicht verbieten oder vorschreiben. Merkel hat den Döner im Vordergrund, den beim Wort „verbieten" von oben eine Hand einfängt. Der saarländische Ministerpräsident Peter Müller meint, dass das voraussetze, dass dies emotionsfrei und sehr intensiv geschehe. Bei ihm liegt die Bratwurst im Vordergrund.

Diese Szenen werden in der Gruppe als sehr polemisch empfunden. Die eingeblendeten Vertreter der CDU und ihre Stellungnahmen sind betont in sich widersprüchlich dargestellt, alle sozusagen unter einem Dach und trotzdem gibt es so verschiedene Aussagen. Das wird zusätzlich durch die Musik und dem Herumtanzen des teilweise als eklig empfundenen Fast foods lächerlich gemacht. Aus den CDU-Sprechern würden dumme, lächerliche Figuren, Pappnasen, denen man nicht mehr zuhört. Die Bratwurst als Symbol der deutschen Leitkultur wird als lustig empfunden und eigne sich gut, um sehr eindrucksvoll und einfach die Beschränktheit des Begriffs „Leitkultur" deutlich zu machen.

Mit einem erneuten „horch, was kommt von draußen rein, hollahi, hollaho" wird das Stichwort „emotionsfrei" aufgegriffen und Christiansen kommentiert, dass die CDU seit zwei Jahren alles tue, um bloß keine Emotionen zu schüren und das wahrlich intensiv. Man sieht dazu Bilder Roland Kochs, der zu seinem Wahlkampf in Hessen ein Plakat mit der Aufschrift „Für Integration – gegen die doppelte Staatsbürgerschaft" klebt und eine stark froschperspektivische Aufnahme Rüttgers, der an einem Rednerpult steht, an dem vorne die Aufschrift „Mehr Ausbildung statt mehr Einwanderung" zu sehen ist.

Wieder sieht man Menschen, die auf der Straße gefragt wurden. Es seien schon genug Ausländer hier, es reiche, sagt ein älterer, kleinbürgerlich wirkender Mann, der bereits am Anfang des Films zu sehen war. Einer von zwei Jugendlichen sagt, es kämen immer mehr, die Grenzen stünden im Prinzip offen, aber nur, weil wir den zweiten Weltkrieg angefangen hätten, so würden das die Politiker immer sagen. Ein weiterer Mann, der ebenfalls schon am Anfang mit seiner kleinen Tochter auf den Schultern zu sehen war, meint, es komme darauf an, was einwandere, worauf wieder die Zeile „horch, was kommt von draußen rein" gesungen wird. Ein weiterer, gebildet aussehender Mann sagt, er halte es für ein wichtiges Thema, aber nicht für ein Wahlkampfthema, worauf eine jüngere Frau meint, „weil es in Rassismus ausartet, wir wissen doch wohin das führt". Zum Ausschlachten findet es eine Frau mit farbigen Freund an der Seite nicht so klasse und zwei weitere Jungen sagen, es hätte da ja so ein paar intelligente Inder gegeben....

Ein Teil der Interpretationsgruppe fragt sich, warum solche Kurzinterveiws überhaupt gezeigt würden, sie seien natürlich nie representativ, hätten auch nicht den Anspruch, so dass man eigentlich nur irgendwie jemanden dumm frage und seine Antworten erwartungsgemäss bekomme. Ein anderer Teil sieht in den Stellugnnahmen ein gutes Beispiel für die Auswirkungen der konservativen, doppeldeutigen Wahlkämpfe. Die Aussage der beiden Jungen, es hätte intelligente Inder gegeben, wird als lustig empfunden.

Mit einem plötzlichen Wechsel der Szene sieht man einige Bilder und Szenen in schneller Folge. Zunächst ein Bild eines grauhaarigen Mannes in mittlerem Alter von der Seite mit Bart und Turban, der durch eine Brille zum Zuschauer schaut, erst im Ganzen, dann in Großaufnahme. Dann einen weißen, kleinen Mann mit Hut, der in seinem bereits höchstsauberen und perfekten Vorgarten eines Einfamilienhauses ein dünnes Zweigchen aus einem exakt-rund ge-schnittenen Büschchen heraustrennt und anschließend korrekt und stolz in die Kamera blickt. Dann einen farbigen jungen Mann, der eine weiße, junge Frau auf dem Rücken trägt und aus dem dunklen Inneren eines Tores herausrennt, beide strahlend, lachend und glücklich. Nach einem Wanderer auf einem grü-nen Hügel, einem farbigen Boxer, der in Zeitlupe seinen Boxhandschuh zur Kamera hin wirft und einem Jungen vor Siegesfreude nach einem Tor jubelt, sieht man einen dicken farbigen Arbeiter, der triumphierend die Hände in die Luft reißt. Dabei sieht man in Zeitlupe, wie sein Bauch aus seinem schmutzi-gen, alten Pullover heraus lustig hin- und herschwabbelt. Dazu hört man eine strahlende, positive Musik und auf strahlend blauem Untergrund die Wörter „celebrating difference, diversity – it's in our nature" ineinander verschmelzen und sich ergänzen. Christiansen erklärt, es sei erstaunlich, was es alles gäbe, andere Länder würden mit ihrem kulturellen Kuddelmuddel sogar werben, man sehe gerade Bilder aus dem britischen Expo-Pavillon[14]. Im deutschen Pavillon dagegen sähe man nichts von den sieben Millionen Einwanderern

---

[14] Gemeint ist die Weltausstellung „Expo 2000" in Hannover.

hierzulande. Mit übertrieben zackiger und harter Stimme sagt sie: „Ein Land mit intakter deutscher Leitkultur eben", während der Zuschauer von außen in die erleuchteten Wohnungen eines Hauses hineinsieht und kurze Einblicke in verschiedene Familien bekommt.

Die Interpretationsgruppe fragt sich, ob die Darstellung eines Landes in einem Expo-Pavillon Maßstab für ein Selbstverständnis sein könne. Teilweise ärgert man sich darüber, dass der Vergleich mit anderen Ländern angestellt werde, denn die Aussage sei eigentlich immer nur, dass wir in Deutschland nicht die besten oder nicht gut genug seien. Dabei nehme man einfach immer gerade irgendwelche Vergleichsländer, die gerade passen, wenn nicht wie üblich die Amerikaner besser sind, dann ist es eben England oder irgend ein anderes Land, das spiele letztlich keine Rolle.

Man hört wieder „horch, was kommt von draußen rein, hollahi, hollaho" und Christiansen sagt darauf, dass viele in Deutschland gerne die Antwort wüssten und sich zugleich die Frage stellten, ob die Einwanderer, die wir dringend bräuchten, überhaupt in ein Land mit einem solchen Klima wollten. Zu diesen Sätzen taucht aus einem Fenster ein schwarzweißes Bild auf. Man sieht ein Foto eines farbigen Mannes, das an eine Mauer gestellt ist, umgeben von Blumen. Dazu hört man eine weitere Strophe. „Wenn ich erst gestorben bin, hollahi, hollaho" wird zwar immer noch im fröhlich-volkstümlichen Stil, jetzt aber in Moll gesungen. Zum zweiten Teil der Strophe „trägt man mich zu Grabe hin, hollahi, hollaho" sieht man aus der Froschperspektive Fahnen tragende, kahlgeschorene junge Männer, die an der Kamera vorbeimarschieren.

Die Schwarz-weiß-Aufnahmen erinnern die Interpretationsgruppe an Krieg und Kriegsfilme. Man bekommt ein schlechtes Gewissen, weil man nicht weiß, wer der Farbige ist, der umgekommen ist. Die marschierenden jungen Männer machen betreten, man bekommt Angst und fühlt sich bedroht. Die Frage kommt auf, ob diese letzte Szene überhaupt passt, denn schließlich singt man im Hintergrund von einem Trauermarsch. Eine andere Assoziation ist, dass deutsche Toleranz zu Grabe getragen werde.

Der Film endet mit einem Blick auf die nächtliche Glaskuppel des Berliner Studios. Direkt danach wird Christiansen – nun in der Runde sitzend – gezeigt. Bevor sie ihre erste Frage stellt, kommentiert sie, man müsse eben manchmal etwas überzeichnen; die Wirtschaft wisse davon ja ein Lied zu singen, sonst wäre die Greencard ja nicht so schleppend angenommen worden.

3.5 Zusammenfassende Diskussion der ersten sechs Minuten

Diese ersten sechs Minuten führen die ZuschauerInnen nicht nur in das „Thema der Woche" ein, das zur Diskussion steht, sondern auch in die Sendung selbst, in ihr Selbstverständnis und ihren Charakter. Die ersten Reaktionen und Assoziationen, die man zu diesen ersten Minuten bei „Sabine Christiansen" hat, kreisen in einem Spannungsverhältnis. Eigentlich ist alles recht verständlich, einige assoziieren den Anfang mit der Präsentation von Nachrichten. Gleichzeitig macht sich Unbehagen, ein Gefühl zwischen Ohnmacht und Verärgerung breit.

Der Eindruck, es handle sich bei Christiansens Einführung in das Thema um eine Nachrichtenpräsentation, kommt nicht von ungefähr. Die Dramaturgie ihrer Themeneinführung ist der von Nachrichten in vielerlei Hinsicht gleich oder zumindest ähnlich. Lutz Goertz (1996) hat Fernsehnachrichten miteinander verglichen und kam zu dem Ergebnis, dass die gestalterischen Mittel auf deutschsprachigen Sendern weitgehend gleich sind. Dies betraf sowohl die Dramaturgie der Darstellung, die Informationsdichte, das Auftreten der Sprecher und deren Sprache, aber vor allem auch den Bild- und Studioaufbau bei der Sprechermeldung. Weiter beschreibt Mikos (1996), dass kein Text und keine Sendung unabhängig von den Erfahrungen aus anderen Texten oder Sendungen rezipiert werde. So würden Zuschauer im Laufe ihrer „Mediensozialisation" eine „individuelle Fernsehkompetenz" entwickeln. Das bedeute einerseits, dass ZuschauerInnen z.B. an unterschiedliche Filmgenres gezielte Erwartungen knüpfen und andererseits, dass Genre durch das Erkennen von verschiedenen filmischen Stilmitteln (Kameraführung, Schnitt, Musik etc.) voneinander unterschieden und eingeordnet werden könnten. Diese Erwartungen und Einordnungen erfolgen auch auf Grund von Schauspielern, wodurch diese oft auf einen bestimmten Charaktertypus festgesetzt würden. (vgl. Mikos 1996). So ist es nicht verwunderlich, dass man zunächst spontan an Nachrichten erinnert ist, sieht man Sabine Christiansen, die vertraute, seriöse Moderatorin aus den Tagesthemen neben einem großen Bildschirm mit der „Headline" in einem Studio stehen, dessen Wände in jenem klaren tiefen Nachrichtenblau getränkt sind. Bereits der Schriftzug der Sendung, geschrieben in Grossbuchstaben und zusammen, getrennt durch eine fettere Schrift bei „Christiansen", erinnert an die Schriftzüge der „Tagesschau" und „Tagesthemen". Auch sitzen in anderen Talkshows die ModeratorInnen während der Begrüßung und Einführung ins Thema in der Regel bereits bei ihren Gästen, während Christiansen neben ihren Gäste steht.

Dieser Eindruck von präsentierten Nachrichten und der Erwartung von Neutralität steht dem entgegen, was Christiansen letztlich berichtet. Ihre Botschaft lautet: Wir Deutschen sind bedroht, da die Wirtschaft dringend Einwanderer benötigt, die Politik aber streitet sich um belanglose Begrifflichkeiten, verfangen in sich selbst, ohne Konzepte und Ideen, um die wirklich wichtigen, anstehenden Probleme lösen zu können. Diese Bedrohung wird von ihrer Körpersprache sowohl unterstützt als auch gleichzeitig ironisch ins Lächerliche gezogen. Bereits ihrem ersten, Dynamik verkündenden Satz „Ja, es geht hoch her in diesen Tagen" widerspricht sie mit einer gelassenen schrägen Körperhaltung, einem etwas schief gehaltenen Kopf und einem kurzen Anheben des linken Unterarms, so als wolle sie eigentlich sagen: „Schon wieder müssen wir uns heute Abend mit den unnötigen, kleingeistigen Debatten der Politik herumschlagen". Während die Kameraeinstellung sich mit der Zeit auf sie konzentriert, sieht man ihre Mimik deutlicher. Ihre zackigen, abgehackten Kopfbewegungen verbinden sich mit den Betonungen einzelner Wörter und Pausen und unterstreichen ihre polemisch-kritische Warnung vor der wirtschaftlichen Bedrohung Deutschlands. Ihr zweiter Satz soll als Beispiel gelten: „Leider (schiefer Kopf) ist dazu inhaltlich von allen (leicht hochgezogene Augenbrauen) Seiten [kleine Pause] weniger (Kopf etwas nach vorne gerichtet) zu vernehmen als es dieses wichtige (Kinn angehoben, Blick von oben nach unten gerichtet) Zukunftsprojekt verdient hätte". Die hochgezogenen Augenbrauen sowie der Blick von oben nach unten signalisieren Überlegenheit, Arroganz und eigenes besseres Wissen. Ihre Umschreibung der Situation mit den Worten „leider" und „weniger" unterstreicht dies umso polemischer angesichts der von ihr gezeichneten Bedrohung.

Ähnlich läßt sich ihre Mimik auch bei folgenden Begriffen und Aussagen beschreiben: Den vom CDU-Fraktionsvorsitzenden Merz geprägten Begriff „deutsche Leitkultur" präsentiert sie mit einer sich aufrichtenden, wie tief einatmenden Körperbewegung, hochgezogenen Augenbrauen und einer leicht angehobenen Hand. Im Satz „Und aus der Zuwanderungsdebatte wurde flugs eine Personaldebatte um die Führung der Union" zeigt sie sogar zunächst ein sehr kurzes, verschmitztes Lächeln, während sie leicht von der Seite direkt in die Kamera blickt, Ironie und Schadenfreude in der Stimme erkennen lässt und einläd, sich mit ihr über die CDU lustig zu machen. Sofort danach richtet sie allerdings den Kopf in die andere Richtung, hebt dabei das Kinn und schaut ernst von oben herunter. Strenge für die, die sich tatsächlich haben mitreissen lassen und gelächelt haben, sie selbst wusste, dass es nichts zu lachen gab und gibt sich seriös und überlegen. Ihre Schlussfolgerung, „Das eigentliche Problem aber ist", sagt sie mit nach links gerichteten Kopf, tiefem, leicht von unten kommenden Blick und bedrohend hochgezogener Augenbraue im Vordergrund, wissend, warnend.

Stellt man diese Themenpräsentation in Zusammenhang mit ihren anderen Sendungen, so genügt es, allein auf die Titel zu schauen, um eine ähnlich bedrohende Aussage zu bekommen:[15] „Spitzen-Treffen: Wie viel Zukunft hat Deutschland?", „Wahnsinn BSE! Was kann man überhaupt noch essen?", „Homo-Ehe' – Untergang des Abendlandes?", „BSE, Euro, Erweiterung – wer hat Angst vor Europa?", „Was sind Werte heute noch wert?", „Steht der Osten auf der Kippe?", „Läßt die Regierung die deutsche Wirtschaft im

---

[15] Ich beziehe mich hier und in der folgenden Arbeit auf den Sendezeitraum September 2000 bis September 2001.

Stich?", „Ausländer rein, sterben wir Deutschen sonst aus?", „Wie krank ist Deutschland?", „Allmacht des Geldes – Ohnmacht der Politik?"

Die Titel wirken wie Schlagzeilen der Skandalpresse. Es sind provozierende Fragen oder Forderungen, die oft schon selbst ihre Antworten geben. In der Wortwahl und der Formulierung liegen deutliche Wertungen. Bilder einer übermäßigen, von BürgerInnen losgelösten Politik werden geschürt. Der unausweichliche Werteverfall in der Gesellschaft und die Bedrohungen durch die Unkontrollierbarkeit der Probleme erzeugt wie oben Angst, Machtlosigkeit und Wut. Auch wenn der Zuschauer selbst unter der Woche noch nicht das Gefühl hatte, jetzt wird es klar, das „Thema der Woche" ist eigentlich die „Bedrohung der Woche", es steht schlimm um Deutschland.

Der nachfolgende Film setzt, wie die beschriebenen Reaktionen und Assoziationen zeigen, das Spiel mit den Emotionen fort, obwohl auch er eher wie eine Reportage angekündigt wurde und z.B. das Stilmittel einer unsichtbaren SprecherIn benutzt, das wie einleitend dargestellt wie eine objektive Berichterstattung wirkt (D. Prokop 1995, S. 400). Auf der einen Seite scheint und klingt vieles lustig, wie das ständige „hollahi, hollaho", oder das Hin und Her der Bratwurst. Dies wird aber immer sofort mit Aussagen, Musik oder letztlich mit dem blumenumsäumten Bild des ermordeten Farbigen und den demonstrierenden Rechtsradikalen verbunden und ins Gefährliche gezogen wird. In der Gruppe wurde besonders diskutiert, welche Motivation diesem Film zu Grunde liege und was eigentlich Christiansens Ziel gewesen ist. Dies ist eine besonders augenfällige Frage, bedenkt man, dass der Film eigentlich etwas anderes als die Eingangsmoderation thematisiert. Während Christiansen anfänglich fragt, warum die Politik in der wirtschaftlichen Notsituation nicht handele, wird der Film von der Mutmaßung geleitet, dass konservative Politik den Rassismus in Deutschland fördere. Die Frage, was Christiansen „wirklich" wollte, kann und soll hier nicht beantwortet werden, interessant ist aber, dass es zwei unterschiedliche Reaktionen und Erklärungsversuche gab.

Ein Teil der Interpretationsgruppe reagierte empört und entrüstet über einen so wertenden und polemischen Journalismus, der selbst, wenn man nicht CDU-WählerIn sei, als unter der Gürtellinie empfunden werde. Das beginne bereits mit Szenen, wie Merz rückwärts den Notausgang hinausgehen zu lassen und gipfelt in den aufmarschierenden Rechtsradikalen. Mit einem solchen Film würden nur Emotionen geschürt, er enthalte keine Informationen, die als Einführung in das Thema geeignet erscheinen, wie z.b. die tatsächliche Stellungnahme Merz', in der er den Begriff der „deutschen Leitkultur" erstmals verwendete oder weitere Informationen, die im Verlauf der Diskussion interessant und hilfreich sein könnten. Man möchte sich selbst eine Meinung aus den Stellungnahmen der Diskussion bilden können und nicht eine Meinung von der Moderation aufgedrückt bekommen. Wenn man politische Satire schauen wollte, würde man andere Programme sehen wollen. Der Film sei zu wertend und beleidigend, dass es teils als unangenehm und schlecht empfunden wird, dass er überhaupt gezeigt wurde. Unangenehm und peinlich sei dann auch gewesen, dass Christiansen selbst geglaubt habe, sich noch vor der ersten Frage rechtfertigen und distanzieren zu müssen.

Der andere Teil der Gruppe verteidigt den Film als treffend und berechtigt, denn er würde die konservative Herrschaftsstrategie zeigen, die rassistische Stimmungen in der Bevölkerung hervorrufe, um dann solche Stimmungen für Wahlkampfzwecke, also eigene Machtziele instrumentalisiere. Das schlimme sei schließlich nicht die satirische Darstellung, sondern ihr Inhalt, man könne Christiansen nicht vorwerfen, *dass* sie diesen Inhalt zeige. „Objektive" Information gäbe es ohnehin nicht, so dass es durchaus positiv sei, wenn man bewusst nicht versuche, wertneutral zu berichten, sondern klar eine Meinung biete. Es sei naiv und gutgläubig, im Fernsehen im allgemeinen und in einer Talkshow im besonderen wirklich Informationen zu erwarten. Die Filme bei Christiansen seien immer provozierend, das sei ein eingespieltes Ritual, es gäbe noch viel schlimmere als diesen. Einig ist man sich lediglich darüber, dass es eine ungekonnte und schlechte Satire war.

Die beiden Positionen zeigen trotz oberflächlicher Gegensätze einige Gemeinsamkeiten. Zum einen werden ähnliche Fragen gestellt: Welche Rolle hat Christiansen als Moderatorin, was ist ihre Meinung, ihr Ziel? Darf sie parteiisch sein? Welche Rolle hat das Fernsehen generell in der Gesellschaft? Zum anderen drückt sich beide Male der Verdacht der Manipulation aus. Einmal in der Enttäuschung und Verärgerung, dass man nicht informiert wird, sondern eine vorgefertigte Meinung aufgedrängt bekommt. Die zweite Position unterscheidet sich hierin nur dadurch, dass bereits keine Erwartungen mehr an das Fernsehen gestellt werden und mit Nachdruck die Resignation verteidigt wird. Die Frage, die aus der Unterschiedlichkeit der beiden Positionen erwächst, ist, ob es eine Möglichkeit gibt, im Fernsehen politische Vorgänge auf eine unterhaltende Weise zu präsentieren, die es dem Zuschauer ermöglicht, sich selbständig eine Meinung zu bilden. Hieraus leiten sich folgende Fragen ab: Was ist Unterhaltung, was unterhaltend? Wenn es keine „objektive" Berichterstattung gibt, welche Prämissen sollten dann an eine „positive" Präsentation von politischen Vorgängen gestellt werden?

Diese Fragen und Eindrücke werden auch im weiteren Sendungs- und Interpretationsverlauf eine wesentliche Rolle spielen. Wichtig ist hier als erstes Ergebnis festzustellen, dass Sabine Christiansen den Beginn der Sendung stark dominiert. Sie emotionalisiert das Diskussionsthema „Einwanderung" zum „*Tabu*-Thema", das bereits in sich verschiedene Assoziationen zulässt. Ist Einwanderung ein Tabu-Thema? Sollte es eines sein? Darf man nicht mehr über Einwanderung reden? Oder eben gerade? Man suggeriert mit „Tabu" Vorsicht und Hemmungen. Christiansen spricht in ihrer Eingangsmoderation und im Film diese unterschiedlichen Konfliktebenen an, ohne diese klar herauszuarbeiten. Die Präsentation des Themas verwirrt also bereits rein inhaltlich. Dazu bedient Christiansen eine Reihe Emotionen, über die sie scheinbar beliebig verfügt und mit denen sie spielt. Sie nutzt ihr selbstgemachtes Tabu und setzt sich als die Tabubrecherin in Szene, die aufklärt und Licht in das nicht diskutierte Thema bringt. Sie bestimmt mit ihrer Körpersprache und Mimik, bzw. mit den Kombinationen aus schnellen Bildern, Aussagen und Musik im Film, wann was bedrohlich ist und wann man in welcher Weise evt. darüber lachen darf. Sie hat die Fäden dazu in der Hand und stellt sich als die Wissende und diejenige dar, die den Überblick hat und über den Dingen steht. Klar macht sie in den ersten Minuten also vor allem, was beim vorgegebenen Thema gute und schlechte Ansichten sind und wer richtig und falsch gehandelt hat.

Diese Definitionsmacht demonstriert sie ebenfalls sehr eindrucksvoll in der Art der Vorstellung ihrer Diskussionsgäste. Sie steht wie gesagt während der Begrüßung neben den bereits im Studio anwesenden Gästen an ihrem Tisch und berichtet *über* sie zum Publikum gewandt. Sie nennt Parteiämter und zitiert inhaltliche Positionen so, wie sie am besten in ihre Darstellung des Themas und der gewünschten Kampflinien passen. Dieter Prokop beschreibt ein solches Vorgehen als eine journalistische Taktik, bei der die Interviewpartner wie die Hauptpersonen eines klassischen Hollywoodfilms in sich eine psychologische Kausalität aufweisen sollen. „Durch die richtige Kombination konträrer Charaktere lassen sich die komplizierten politischen Sachfragen mit einer personifizierten Dynamik versehen, die die Aufmerksamkeit der Zuschauer sichert" (D. Prokop 1995, S. 403). Christiansen instrumentalisiert in diesen ersten Minuten also ihre Gäste zu Gunsten der Dramaturgie eines Konfliktes. Die Talkgäste selbst können sich den Kommentaren und ihrer vorgesehenen Rolle zu Beginn der Sendung kaum erwehren. In Kapitel 5 werde ich beschreiben, in wie fern die Gäste ihrer zugeschriebenen Rolle gerecht wurde, oder wie sie sie im Laufe der Sendung in Frage stellen konnten.

Die ersten Minuten sind also geprägt durch eine Spannung aus manifester Inszenierung von Informationspräsentation und latenter Manipulation. Christiansen selbst präsentiert sich in den ersten Minuten vor allem machtvoll und streng. Dass dies aber nicht unbeantwortet bleibt und auf Gegenwehr stößt, zeigen sowohl die aggressiven und verärgerten Reaktionen in der Interpretationsgruppe als auch die Gesichtsausdrücke und mimischen Zurückweisungen der Talkgäste.

4. Der Inhalt der Diskussion

Nach dem Film sieht man die Gäste in einer nach vorne zu den ZuschauerInnen hin offenen Gesprächsrunde sitzen, Christiansen in der Mitte, frontal zum Zuschauerraum, der sich im Halbkreis wie eine kleine Arena gegenüber der Talkrunde befindet. Links und rechts von Christiansen sitzen je drei Gäste, die nach möglichen Interessenskonstellationen gemischt sind. Alle sitzen auf Stühlen, Glastische mit Wassergläsern stehen jeweils paarweise zwischen den TeilnehmerInnen. Das Studio verbindet mit hellbraunem Parkett am Boden und größtenteils nachrichtenblauen Wänden die klare, neutrale Atmosphäre eines Nachrichtenstudio mit der eines angenehmen Wohnzimmers. Am Kopf der Gesprächsrunde sieht man durch die Metall-Glas-Konstruktion der Glaskuppel hinaus auf wehende Bäume vor Lichtern und Leuchtreklamen der Berliner Innenstadt. Die Runde selbst sitzt auf einer etwas erhöhten, runden Fläche, die wie von einem roten Teppich überzogen ist. Dieses Rot wirkt auf die Interpretationsgruppe sehr kontrastreich zu der ansonsten blau-braunen Atmosphäre des Studios. Es sei der Brennpunkt der Glaskugel, in der die Diskussion stattfinde. Die gesammelte Aufmerksamkeit und Spannung sei darauf gerichtet, die Runde sitze wie auf einem Präsentierteller, wie mit „Feuer unterm Hintern". Wir wundern uns, wie man sich fühlt, auf einem roten Teppich zu sitzen, wohl eher nervös und angespannt.

Im folgenden Kapitel konzentriere ich mich auf den argumentativen Inhalt der ca. 55-minütigen Diskussion. Es ist wichtig, den Inhalt genau zu betrachten, denn der grundsätzliche Sinn einer Talkshow liegt schließlich darin, ein Forum für verschiedene Meinungen und Ansichten zur Verfügung stellen, so dass ich darstellen will, welche Positionen bei „Sabine Christiansen" vertreten werden können. Dazu werde ich die verschiedenen Aussagen und Stellungnahmen der Talkgäste zu einzelnen Unterthemen vorstellen. Dies sind der Begriff „deutsche Leitkultur", die Notwendigkeit von Einwanderung, vor allem die ökonomische, die Integration der bisher in Deutschland lebenden Ausländer und Vorschläge zur Problemlösung. Notwendigerweise sind die Argumente hier nicht in ihrer vollen Breite und ihrer zeitlichen Abfolge der

Sendung dargestellt. Der genaue Diskussionsverlauf ist in Kapitel 6.1 zu finden. An die Darstellung der Argumente werde ich jeweils die Assoziationen und Diskussion der Interpretationsgruppe anschließen. Diese werden sich zum Teil nicht von den Reaktionen über die Talkgäste selber trennen lassen, die ich genauer aber erst im Kapitel 5 besprechen werde. Zu den Gästen allgemein sei bereits hier erwähnt, dass Goppel (CSU) mit gut 14 Minuten den mit Abstand größten Redeanteil während der Sendung hat. Rüttgers (CDU) redet ungefähr neun ein halb Minuten, so dass die Position der CDU/CSU mit knapp 24 von 55 Minuten am deutlichsten vertreten ist und wird. Die Vertreter der Regierungsparteien nehmen ungefähr die Hälfte der Zeit für ihre Beiträge in Anspruch, wobei Vogt (SPD) mit sieben Minuten ein wenig länger spricht als Schlauch (Bündnis 90/Die Grünen) (6 min). Schönherr und Jung reden je etwas weniger als sechs Minuten.

4.1 Der Begriff „deutsche Leitkultur"

Argumente der Talkgäste

Der Generalsekretär der CSU, Thomas Goppel, empfindet die Debatte um den Begriff der deutschen Leitkultur nicht so dramatisch, wie sie von Christiansen eingangs dargestellt worden sei. Friedrich Merz habe ein Thema artikuliert, das ungewöhnlich viele Menschen bewege und interessiere, so dass es nicht tabuisiert werden dürfe, sondern geführt werden müsse. Merz sei falsch interpretiert worden, er habe gemeint, „Einwanderung" würde zum Wahlkampfthema werden, wenn wir es nicht vorher lösten. Niemand in der CDU/CSU habe Feindlichkeit im Sinn, die Diskussion um Begriffe sei in diesem Fall sehr vordergründig und würde jetzt so laufen, wie sie in Deutschland immer laufe: Man werde in einen Begriff gedrängt, und als einzige Möglichkeit bleibe dann für den Betroffenen, ihn zu deuten und nicht ihn zurückzunehmen. Fehler wie diesen von Merz hätten wir alle in unseren jungen Jahren gemacht. Ebenso sagt Goppel in Christiansens Richtung, dass die Mehrzahl der Äußerungen in den letzten Tagen provoziert worden sei durch Nachfragen ihrer journalistischen Kollegen. Bevor man Zeit habe, untereinander Begriffe erst einmal zu diskutieren, würde man von Journalisten auf der Strasse mit Fragen mehr oder weniger überfallen. So nehme man nicht mehr Stellung, sondern würde auf eine Frage antworten, das sei ein großer Unterschied. Ähnlich argumentiert der Vorsitzende der nordrhein-westfälischen CDU, Jürgen Rüttgers, indem er Merz' Situation mit seiner eigenen ein halbes Jahr zuvor vergleicht. Man sei einfach auf Merz „drauf" und habe gar nicht mehr zugehört, was er eigentlich gesagt habe. So könne man das Problem nicht lösen.

So deutet Goppel den Begriff „deutsche Leitkultur" so, dass damit allgemeingültige Richtlinien gemeint seien, wie sie vor allem im deutschen Grundgesetz ausgeführt seien. Das Grundgesetz, so Goppel, sei die Hausordnung in Deutschland, an die sich alle zu halten hätten. Als Beispiel dafür, dass man den Begriff der „Leitkultur" durchaus brauchen kann, führt Goppel die Situation der Frauen in islamischen Familien an. Diese würden teilweise ghettoisiert unter der Herrschaft des Mannes leben, was sowohl unserem Grundgesetz als auch unseren Errungenschaften aus der Frauenbewegung widerspreche. Hier könne also die deutsche Lebensweise durchaus als eine „leitende Kultur" angesehen werden. Rüttgers führt dazu aus, dass man auch schauen müsse, welche Alternativvorstellungen die Kritiker des Begriffs der „deutschen Leitkultur" hätten. Dies sei das Modell einer „multikulturellen Gesellschaft". Er selbst kenne allerdings kein Land in der Welt, in dem eine Multikultur funktioniere, so dass das kein Politikmodell sei, das er anstrebe.

Dem wiederspricht Dietmar Schönherr, in dem er als Beispiel einer multikulturellen Gesellschaft die USA nennt und auf verschiedene Gruppierungen dort eingeht. Ebenso bezeichnet er den Begriff „deutsche Leitkultur" als „scheußliches Wort". Auch Rezzo Schlauch, der Fraktionsvorsitzende der bündnisgrünen Bundestagsfraktion, argumentiert entschieden gegen den Begriff „Leitkultur", und reiht ihn ein in eine Serie von CDU-Wahlkämpfen, in denen mit „unappetitlichen Kampagnen" zum Thema Ausländer und Asyl versucht worden sei, Stimmen zu fangen. Es sei nichts daran auszusetzen, Einwanderung zum Thema zu machen und zu diskutieren, die CDU aber habe dies nie aufklärerisch getan. Der Begriff der deutschen Leitkultur sei deswegen problematisch, da er in sich berge, dass sich andere unterordnen sollten. Ein kultureles Unterordnen richte sich aber gegen das Grundgesetz, das von einer Pluralität der Gesellschaft ausgehe. In bezug auf Rüttgers sagt Schlauch, Rüttgers habe den Leitkultur-Begriff lediglich gegen den der „Multikultur" abgegrenzt, nicht aber positiv formuliert, was das leitende Deutsche sei. Hier werde es nämlich schwierig zu bestimmen, was deutsche Kultur z.B. beim Essen oder in der Musik sei. Man solle den Begriff daher lieber sein lassen, denn er habe auf dem Weg in ein gemeinsames Europa in einer modernen Gesellschaft nichts zu suchen.

Ute Vogt (SPD), Vorsitzende des Bundestagsinnenausschusses, wehrt sich dagegen, den Gebrauch des Leitkultur-Begriffs von Merz leichtfertig als jugendliche Unerfahrenheit abzutun. Er sei nicht erst seit gestern in der Politik und gerade im Hinblick auf die deutsche Geschichte, habe er sensibler sein müssen.

Volker Jung, Präsident des Bundesverbandes Informationswirtschaft, Telekommunikation und neue Medien, glaubt, der junge ausländische Ingenieur, der nach Deutschland kommen wolle, würde mit einer Diskussion um solche Begrifflichkeiten nichts anfangen können. Er selber habe sieben Jahre mit einer „richtigen Greencard" in den USA gelebt, und habe selbstverständlich die Sprache können und sich mit der amerikanischen Kultur identifizieren müssen, so dass das Wort an sich vielleicht unglücklich, aber inhaltlich gar nicht so falsch sei.

Assoziationen der Interpretierenden

Inhaltlich am meisten und am emotionalsten wurden Goppels Ausführungen zum islamischen Frauenbild und sein damit vorgetäuschter Einsatz für die Rechte der Frau diskutiert. Vor allem der weibliche Teil der Interpretationsgruppe reagierte entrüstet, dass Goppel sich dieses Themas bedient, um seine Argumentation zu untermauern. Gerade weil man sonst nie etwas Unterstützendes und Ermutigendes von Frauen von konservativer Seite hören würde, stünde es ihm nicht zu, sich dieser Themen und Erfolge zu bedienen. Man assoziierte mit ihm und Rüttgers als Vertreter der konservativen Politik eher die Bilder, die sie selbst zur islamischen Familienordnung anführten, nämlich dass ihre Frauen zwei Schritte hinter ihnen liefen und wohl unter ihrer patriarchalen Herrschaft lebten. Das unterstrich der Kommentar Goppels, den er zu Vogt sagte, sie habe sich vorher beschwärt, es seien zu wenig Frauen anwesend, dabei solle sie noch froh sein, es gäbe viel schlimmere Situationen. Die Gruppe bekam hier fast die Idee, Vogt hätte sich bei Goppel für seine Toleranz und Großzügigkeit bedanken müssen, sie als Frau in einer solchen Runde zu akzeptieren. Hier zeige sich, dass sein Bild von Emanzipation nicht auf Gleichheit beruhe, sondern er könne aus einer nicht in Frage gestellten Position heraus agieren und *gewähre* mit scheinbar großzügigen Zugeständnissen. Des weitern präsentiert er sich als Beschützer der feministischen Errungenschaften gegenüber der islamischen Bedrohung. Auch hierin spiegle sich ein Selbstbild, das sich nicht auf Gleichheit zwischen den Geschlechtern stütze, sondern immer noch auf der Vorstellung eines schwachen Geschlechts, das den Schutz des starken und unabhängigen benötige.

Neben der Entrüstung über Goppels Feminismus war in der Gruppe aber auch eine gewisse Lähmung und Angst zu spüren. Manche in der Gruppe sagten, man wolle einfach nicht, dass er sich des Frauenthemas bediene, man habe aber wie ohnmächtig nichts dagegen machen können und habe angespannt gewünscht, man könne ihm etwas ebenso Unerträgliches und Übergreifendes entgegnen, was aber nicht gelang. Diese Lähmung wurde damit unterstützt, dass er nach diesem Beitrag regen Applaus bekam. Zwar kann man in der Einblendung der Zuschauer sehen, dass vor allem ein älteres, eher kleinbürgerliches Paar besonders intensiv und begeistert applaudiert, was nicht der Bezugsgruppe der Interpretierenden entspricht, aber dennoch sei die Empfindung zurückgeblieben, man stünde ohne Gegenargumente alleine da, nur mit dem Gefühl im Bauch, dass Goppel so nicht argumentieren dürfe und irgendetwas daran falsch sei.

Teilweise wurden seine Ausführungen auch als Entgleisung empfunden, mit denen er sich lächerlich gemacht habe. Er äußere wildeste Phantasien und Bilder über Frauenhaltung im Islam, wobei die aufgezeigte Gefahr, dass alle Frauen in Deutschland in kürzester Zeit in Schleier, ehrfürchtig hinter dem Mann laufen könnten, schließlich vollkommen unrealistisch und übertrieben sei. Diese peinliche Entgleisung sei dementsprechend mit Schweigen und Versteinerung der anderen Diskussionsteilnehmer erwidert und übergangen worden.

Auch seine Interpretation, mit dem Begriff „Leitkultur" sei sicherlich das Grundgesetz gemeint, und sein weiterer Vergleich, das Grundgesetz sei unsere Hausordnung, wurden zum Teil entrüstet aufgenommen. Denn offensichtlich verkürze Goppel hier in einem Atemzug das Grundgesetz mit seinem moralisch-ethischen Anspruch, die Demokratie und die Rechtsstaatlichkeit in Deutschland zu begründen, zu einem archaisch anmutenden Sammelwerk deutschen Brauchtums. Zu Recht werde dies von Schlauch mit einer schwäbischen Putzordnung karikiert, als seien im Grundgesetz lediglich Kehrwochenabläufe geregelt, die evt. je nach Stimmung der Hausbewohner geändert werden könnten. So sei dieser enge Vergleich zwischen dem Grundgesetz eines Staates und der vorherrschenden Kultur in einem Land unhaltbar. Ebenso bekomme in dieser Argumentation die „deutsche Kultur" als „Leitkultur" archaische Implikationen, als handle es sich um Völker und Völkerschlachten, was mit den Vorstellungen von modernen Gesellschaften nichts mehr zu tun habe.

Rüttgers' und Goppels Beschwerde, dass man als Politiker in Deutschland von den JournalistInnen und den Medien in Begriffe hineingedrängt werde und damit das ursprünglich Gemeinte verfälscht werde, wirkte auf die Gruppe absurd und komisch. Schließlich säßen beide gerade in einer Talkshow und nutzten die Gelegenheit eines Massenmediums, um sich selbst darzustellen. Der Begriff „Leitkultur" sei ebenso nicht von den Medien produziert, sondern höchsten auf Grund der Politik-Medien-Beziehung ein Versuch von Merz, sich in den Mittelpunkt zu spielen.

Zu Jungs Standpunkt fragte sich die Interpretationsgruppe zunächst, woher er wisse (bzw. wie Christiansen, die ihn fragte, darauf komme, dass er wissen könnte), was ein junger ausländischer Ingenieur von dieser Debatte halte. Er begäbe sich hier also in die Rolle des Sprechers und Vertreters der Einwanderer, was eklatant vor Augen führe, dass Christiansen zu diesem Thema keinen wirklich von der Diskussion Betroffenen eingeladen habe. Auch empfand die

Gruppe den Versuch Jungs, die Diskussion um den Begriff der Leitkultur mit dem Hinweis auf die amerikanische Praxis zu beenden und zu lösen, als unpassend und gefährlich. Schließlich sei es in der Sendung nicht nur um den Inhalt des Begriffs gegangen, sondern auch, wie der Stimmenfang am rechten politischen Rand zu bewerten sei. Dies beschönige den Begriff in gefährlicher Weise. Unlogisch sei, dass er versuche, als Befürworter einer selbstbewussten deutschen Kultur aufzutreten, diese aber verkenne, indem er einfach nur kurz nach Amerika schaut und die dortigen Verhältnisse und Praktiken auf Deutschland übertragen wolle.

Bei Schönherr fiel der Gruppe auf, dass er die Diskussion emotionalisiere, in dem er von einem „scheußlichen Wort" rede und sich als jemanden mit Weltkenntnis und Erfahrung stilisiere. Erwartungsgemäß bekomme er für solche Beiträge Beifall.

4.2 Die Notwendigkeit von Einwanderung

Argumente der Talkgäste

Volker Jung macht deutlich, dass in Deutschland allein in seinem Bereich, der Informationstechnik, 30.000 Ingenieure fehlten, der Bedarf insgesamt in Deutschland liege pro Jahr bei 60.000. Die Hochschulen bildeten jährlich aber nur 6.600 aus, so dass daran deutlich gesehen werden könne, wie sehr Deutschland auf Einwanderung angewiesen sei. Er habe daher auf der Messe für Computertechnologie *Cebit* 30.000 Greencards gefordert, die der Kanzler glücklicherweise auch gleich zugesagt habe. Deutschland brauche dringend die besten Köpfe dieser Welt. Daher müsste man Deutschland möglichst attraktiv machen. Noch immer seien die Steuersätze hierzulande viel zu hoch, hier seien die USA wesentlich attraktiver. Daher störe es ihn auch, dass unsere Politiker nur diskutierten, ob das Wort „Leitkultur" das richtige sei, obwohl man doch dringend eine Regelung zur Zuwanderung für Fachkräfte brauche. Allerdings tue der Attraktivität Deutschlands auch der Rechtsradikalismus weh. Eine nicht so kleine Schicht in der Bevölkerung störe, dass Menschen hierher kämen und nicht arbeiten dürften. Diese Menschen müssten lange durch die Instanzen laufen, was alles von Steuergeldern bezahlt würde. Hier müsse man also erst einmal Verständnis schaffen, dass Einwanderung gebraucht werde, aber wenn man da zusammenarbeiten würde, könne man das schaffen. Aber es müsse *jetzt* geschehen.

Auf die Frage, warum die Regierung das Thema „Einwanderung" in die nächste Legislaturperiode habe verschieben wollen, erwidert Vogt, das läge daran, dass es erst einmal eine gewisse Zeit brauche, bis man der Bevölkerung klar gemacht habe, dass Deutschland Einwanderung brauche, nachdem die konservative Regierung über Jahrzehnte das Gegenteil behauptet habe. Gerade die Erlebnisse der Landtagswahl in Hessen (1999), bei der Roland Koch (CDU) den Gesetzentwurf zur doppelten Staatsbürgerschaft als Kampagne missbraucht habe, habe sie bei solch großen Vorhaben vorsichtig werden lassen.

Dietmar Schönherr sagt, das Thema „Einwanderung" sei nicht nur ein wirtschaftliches, sondern vor allem auch ein ethisch-moralisches und daher zu wichtig, um es parteipolitisch ausschlachten zu dürfen. Er selbst sei Zeitzeuge des Faschismus und der Abgrenzung, so dass er alle Beteiligten auffordere, das Problem parteiübergreifend zu lösen, alle Deutschen müssten hier zusammenarbeiten. Weiter habe es nicht nur innenpolitische Dimensionen, sondern auch außenpolitische. Die *Neue Züricher Zeitung* z.B. titelte am Morgen „Deutschland wieder im Banne der Vergangenheit". Wörter wie „Leitkultur" oder „Selektion der Asylanten" würden doch immer sofort Bilder von der Rampe in Auschwitz hervorrufen.

Schlauch argumentiert ähnlich, dass Deutschland nicht nur wirtschaftlich auf Einwanderung angewiesen sei, sondern auch aus humanitären Gründen Einwanderung zulasse. Daher wolle er nicht wie die konservative Seite nur darüber reden, wie man Einwanderung begrenzen könne.

Von Christiansen auf die Aussage des bayrischen Innenministers Beckstein angesprochen, es gehe um diejenigen, die uns nützten und nicht um die, die uns ausnutzen, argumentiert Goppel, dass man nicht allen 6 Mill. Menschen auf dieser Welt helfen könne. Der Begriff „Das Boot ist voll" sei negativ besetzt, so dass er formulieren will „In meinem Haus haben viele Platz", aber man müsse auch schauen, an welcher Stelle ein Spezialist manchmal hilfreicher sein könne, die anfallenden Aufgaben zu erledigen als jemand, dem man wiederum erst einmal Hilfe entgegen bringen müsste. Heftig wehrt sich Goppel gegen den Vorwurf der Wirtschaft, die Politik habe verschlafen und sei zu blöd, Informatiker auszubilden. Schließlich habe die Wirtschaft Anfang der 90-er Jahre 290.000 Ingenieure „zum Teufel gejagt", weil sie sie nicht habe brauchen können. Genauso habe man durch die rot-grüne Ängstlichkeit bei „Zukunftsinnovationen" wie der Gentechnologie oder der Atomkraft Tausende Ingenieure verloren. Man habe alles hergeschenkt und jetzt tue die Regierung so, als habe sie für alles ein Rezept, es wäre allerdings besser gewesen, sie hätten es vorher gewusst.

Assoziationen der Interpretierenden

Diese zuletzt dargestellten Äußerungen Goppels wurden in der Interpretationsgruppe „Rundumschlag" genannt, da er innerhalb weniger Sätze alle Anwesenden, mit Ausnahme von Rüttgers zu unterschiedlichsten Themen angreift. Diese Stelle stach auch besonders durch Goppels starke Gestik hervor. Sie kommt in der Diskussion direkt im Anschluss an seine Ausführungen zum Frauenthema und wurde wohl teils daher, aber auch wegen seiner Vergleichbarkeit in der argumentativen Struktur ähnlich aufgenommen. Einerseits wirkte er, als würde er meinen, sich ständig verteidigen zu müssen und schieße deshalb in vorauseilender Verteidigung wild um sich. Die Gruppe lachte über ihn und sein Gebaren, er wirkte albern, dumm und lächerlich wie ein aufgeblasener „Gockel". Gleichzeitig war die Gruppe entrüstet und empfand es unfassbar, wie er in kürzester Zeit so viele Themen völlig verkürzt anschneiden könne und mit welchen Bildern er arbeite, um beim Publikum Assoziationen und Ängste zu wecken; z.B. dass die jetzige Regierung durch den Atomausstieg und das „Teufelszeug" Gentechnik 40.000 Ingenieure „vertrieben" habe. Auch der Satz „Wir haben alles hergeschenkt" wurde als übertrieben und vollkommen unsachlich aufgenommen. Sein Gebaren wirkte so, als leide er persönlich und stellvertretend sowohl für die vertriebenen Ingeniere als auch für das arme Deutschland, das so schlecht und verantwortungslos regiert werde und dessen Ressourcen leichtfertig verspielt würden. Weiter wurde festgestellt, dass es schwer sei, ihm argumentativ überhaupt zu folgen. Er benutze Anspielungen und Schlagworte, die ihm zwar Applaus einbringen würden, weil er scheinbar seine Klientel emotional habe ansprechen können, denen aber lediglich Halbwissen ohne argumentativen roten Faden zu Grunde lägen.

Die Wirkung dieses Rundumschlages war wie gesagt ähnlich der des Frauenthemas, allerdings fiel es hier leichter, ihn als albern und lächerlich zu sehen und letztlich nur kopfschüttelnd über seine Äußerungen Witze zu machen. Dennoch war auch hier das Gefühl der Lähmung und der Angst deutlich zu spüren, die wohl einerseits aus der Publikumsreaktion herrühre, bzw. andererseits evt. aus der Unfassbarkeit kam, dass man so Politik machen kann und dass es scheinbar täglich so geschieht. Das Bild des „deutschen Hauses" werde ich im Kapitel 6.3 aufgreifen.

Das hier dargestellte Statement Jungs war sein erstes in der Sendung. Auffällig war für die Gruppe, dass er weder auf die Diskussion um den Begriff der Leitkultur eingeht, die bis dahin die Diskussion bestimmte noch auf Schönherrs Aufforderung zu mehr solidarischem Bemühen in Deutschland. Er wählt eine neue Perspektive auf das Problem „Einwanderung", in dem er es in Zahlen- und Rechenbeispielen darstellt. Teilweise traue man in der Gruppe seinen Zahlen nicht ganz, weil sie zu glatt zusammen passen würden, während andere in der Gruppe sagten, solchen mündlichen Statistiken meist nicht folgen zu können. Dennoch wirkte Jung nicht als unglaubwürdig, sondern hauptsächlich so als schwebe er neutral und unabhängig über der Situation und dem Gezänke der Politiker. „Wir brauchen die besten Köpfe dieser Welt", sagt Jung mehrere Male. Auf die Gruppe wirkte dies zunächst sehr anmaßend und arrogant, dann beim genaueren Hinsehen ärgerte man sich über die Formulierung. „Wir" bedeute hier vielerlei. Jung vertrete in der Sendung die deutsche Wirtschaft, die ausländische Spezialisten brauche, „wir" klinge hier aber auch wie „wir Deutschen" oder „unser deutscher Staat". Jung setze also die wirtschaftlichen Interessen gleich denen des deutschen Staates und seiner BürgerInnen. Diese Verkürzung auf die Formel „geht es der Wirtschaft gut, dann geht es dem Staat und seinen BürgerInnen gut" löste in der Gruppe Verärgerung aus. Das Problem der Einwanderung sei nach Jung also hauptsächlich ein wirtschaftliches. Auf dieser Sichtweise stützt sich auch Jungs Position in der Sendung. Nicht die geladenen Politiker, sondern er, die Wirtschaft, ist der Garant des Wohlstandes, der in dieser Position machtvoll und mit zu erwartendem Applaus die unnütz diskutierenden Politiker schelten darf. Schließlich machen diese nicht ihre Hausaufgaben, nämlich der Wirtschaft günstige Rahmenbedingungen zu stellen und schaden damit – bewiesenermaßen – den BürgerInnen. Seine geforderte Rahmenbedingung ist hier 30.000 Greencards, die der Kanzler seiner Logik folgend auch gleich hörig bewilligt hat. Er spricht von „Greencards" wie von einer besseren Infrastruktur oder günstigen Energiepreisen. Die Gruppe hatte das Gefühl, als seien „Greencards" keine Menschen, sondern nur noch eine berechenbare, zählbare wirtschaftliche Größe, Arbeitskräfte, Waren oder Rohstoffe auf einem Markt. Jung instrumentalisiere das Thema und die Einwanderer rein für die Interessen der Wirtschaft. Der Rassismus in Deutschland steht hier in einem Atemzug mit den zu hohen Steuersätzen, denn all dies schadet nicht etwa den Menschen, die nach Deutschland kommen und evt. verfolgt werden, sondern den Deutschen selbst, da die beste „Arbeitsware" dann nicht mehr zu „uns" kommen wolle. In diesem Zusammenhang wurde es als umso schlimmer aufgefasst, dass Jung sich tatsächlich anmaßt, für „den jungen ausländischen Ingenieur" zu sprechen, obwohl er sich offensichtlich nur sehr oberflächlich für Belange der hier lebender Ausländer interessiere.

Die Gruppe verband auch mit Schönherrs Argumenten Unabhängigkeit von der Diskussion und damit die Fähigkeit und die Position, von außen ein kritisches Auge auf Deutschland zu werfen. Seine Selbstdarstellung als Zeitzeuge des Faschismus weckte Schuldgefühle in der Gruppe und machte betreten. Man fühlte sich ohnmächtig und hoffte, nicht auf den existierenden Rassismus von einem Nicht-Deutschen angesprochen zu werden. Erwartungsgemäß hatte man in der Gruppe daher den Eindruck, er warne ständig und gäbe moralische Ratschläge, wie man es besser machen könnte. Auf manche wirkte er sympathisch da er Ruhe in das Diskussionschaos brachte, andere empfanden seine Äußerungen und Ratschläge als opportunistisch und überheblich. Mit Aussagen wie „Alle Deutschen müssten das Problem gemeinsam lösen" emotionalisiere er die Diskussion. Dies seien merkwürdige, dem Problem nicht angemessene und verfälschende Bilder, die aber Applaus bringen würden. Denn wer sind die Deutschen, wie können die dieses komplexe Problem gemeinsam lösen? Der Vergleich mit der Rampe in Auschwitz wurde unterschiedlich aufgefasst. Entweder reihte sich die Reaktion ein in die schon erwähnten Schuldgefühle, oder andere empfanden den Hinweis auf Auschwitz als sehr unpassend und als peinliche Entgleisung Schönherrs. Auschwitz könne man nicht mit dem heutigen Rechtsradikalismus vergleichen und daher hier, in einer solchen Diskussion nicht so instrumentalisieren und als Schlüsselbegriff benutzen, der lediglich entsetzliche Bilder produzieren solle.

4.3 Die Integration der bisher in Deutschland lebenden Ausländer

Argumente der Talkgäste

Die Frage der Integration der 2,7 Mio. Ausländer, meist der Türken, ist nach Rüttgers Ansicht in vielen Fällen ein Problem. Es hätten sich Parallelgesellschaften gebildet. Z.B. beim Erlernen der deutschen Sprache könne man problematische Entwicklungen erkennen. Viele Innenminister beklagten z.B., dass hier in Deutschland geborene Kinder zwischen ihrem 6. und 16. Lebensjahr in die Türkei geschickt würden. So würden diese bei ihrer Rückkehr die deutsche Sprache nicht beherrschen und dann auf Grund dessen ohne Ausbildungsplatz bleiben und sozialhilfeabhängig sein. Ähnlich sei es mit jungen Frauen, die aus der Türkei geholt würden, um hier zu heiraten, da die hier aufgewachsenen türkischen Frauen oft als zu deutsch angesehen würden. Aber auch diese Frauen bekämen dann hier keine Chance, ein eigenständiges Leben zu führen. Das Gesetz der doppelten Staatsbürgerschaft habe an dieser Situation nichts geändert. Ebenso habe die rot-grüne Regierung Vorschläge zum Unterricht der deutschen Sprache an der Grundschule abgelehnt, bzw. biete in den Ländern nur ungenügend islamischen Religionsunterricht an. Das sei aber notwendig, um zu vermeiden, dass Kinder den Koranschulen der Fundamentalisten in die Finger fielen.

Vogt führt aus, dass eine wichtige Frage in der Zuwanderungsdiskussion die der Integration sei und welche Kriterien man für sie anlege. Wichtig sei hier vor allem, dass man nicht alle Einwanderer versuche, in einen Topf zu werfen. Diejenigen, die beruflich hochqualifiziert einstiegen, bräuchten z.b. sprachlich weniger Maßnahmen als diejenigen, die noch in ihrer schulischen oder beruflichen Ausbildung seien und daher besondere Förderung benötigten. Und auch Frauen, die hierher kommen, um zu heiraten, sollten natürlich die Chance bekommen, hier die Sprache zu lernen, aber sollten eben auch die Möglichkeit haben, sich kulturell anders entfalten zu können.

Schlauch schlägt zur gesetzlichen Regelung ein 3-Säulen-Modell vor: Die erste Säule sei die Regelung der Zuwanderung, die die Wirtschaft benötige, die zweite Säule die Zuwanderung von Menschen aus politischen, sozialen und ökologischen Krisengebieten und als drittes das bereits – für ihn ungenügend – geregelte Asylrecht.

Vogt weist darauf hin, dass die Bedenken von Menschen außerhalb Deutschlands, die hier her kommen wollten, auch daher kämen, dass man in Deutschland oft noch das Gefühl habe, andere, wie Inder oder Russen, könnten ja gar nicht besser sein als wir hier. Man müsse daher vor allem lernen, einmal etwas von anderen annehmen zu können. Rüttgers fragt daraufhin, in welchen Kreisen sie verkehre, denn es sei doch gar keine Frage, ob Deutschland ein weltoffenes Land sei. Die Deutschen seien nicht ausländerfeindlich, 35 Mio. Menschen würden jedes Jahr ins Ausland fahren und es gefalle ihnen dort sehr gut. Man könne aber (im Hinblick auf die Frage der deutsche Leitkultur) nicht verlangen, sich dafür entschuldigen zu müssen, Deutscher zu sein. Auch Goppel bestreitet vehement eine von Christiansen und Schönherr unterstützte These, es sei schwierig, das Bewusstsein in der Bevölkerung zu verändern. Mit Zuwanderern und deren Integration gäbe es so gut wie keine Probleme, schließlich habe man allein in Bayern 1 Mio. Ausländer nach dem Krieg integriert. Das seien Zahlen, die man sich in Deutschland nicht vorstellen könne.

Assoziationen der Interpretierenden

Bei Rüttgers' inhaltlicher Argumentation wurde in der Interpretationsgruppe hauptsächlich sein Schluss diskutiert, dass die Deutschen weltoffen seien, da sehr viele jedes Jahr ins Ausland fahren würden und sich dort wohl fühlten. Die Interpretationsgruppe stellte sich dazu die satirischen Darstellung von Deutschen auf Mallorca vor, die bei Erbsensuppe und Würstchen, mit deutschen Landsleuten und rein deutschsprachigem Umgang – auch mit Mallorquinern – nur den Kölner Dom vor dem Fenster vermissten. Mit dieser Argumentation implizit zu schließen, dass es in Deutschland lediglich vernachlässigbare ausländerfeindliche Übergriffe gäbe, wurde sowohl als dumm als auch als verantwortungslos empfunden. Das Problem liege schließlich nicht in der zu geringen Reiselust der Deutschen, sondern darin, wie man in Deutschland mit Nicht-Deutschen umgehe. So scherzten wir weiter darüber, dass er wahrscheinlich aus seinen zahlreichen Urlauben, in denen er sich sicherlich sehr feinfühlig in die andere Kultur hereingefunden habe, wisse, dass es keine funktionierenden multikulturellen Gesellschaften gäbe. Ebenso reagierte die Gruppe entrüstet auf seine Erklärung, er sei Deutscher und wolle sich nicht dafür entschuldigen müssen. In seiner Vorstellung scheine es offensichtlich nur die Möglichkeit einer hierarchischen Ordnungen zwischen Kulturen zu geben: Entweder gehört man einer leitenden Kultur an oder man muss sich seiner eigenen entschuldigen.

Bei Goppel fiel vor allem sein Argument zur erfolgreichen Integration zahlreicher Ausländer nach dem Krieg auf. Stolz berichte er von der bayerischen Integrationsfähigkeit und grenze im selben Atemzug Bayern vom restlichen Deutschland ab: „Solche Zahlen wären in Deutschland undenkbar!" So entstanden in der Interpretationsgruppe große Zweifel daran, was Goppel wohl mit Integration meine, wenn selbst seine innerdeutsche Wahrnehmung stets vom Drang geprägt sei, besser zu sein und dies so oft wie möglich zur Schau zu stellen. Weiter wurde angezweifelt, dass man die Situation nach dem Krieg mit der heutigen vergleichen könne. Direkt nach dem Krieg sei Deutschland politisch, wirtschaftlich, emotional und vor allem moralisch am Ende gewesen, so dass Deutschland von ausländischem Wohlwollen existenziell abhängig gewesen sei. Hier passe es kaum von Integration im heutigen Sinne zu reden. Zur geglückten Integration der angeworbenen Gastarbeiter ab den 50-er Jahren äußerte bereits Rüttgers große Zweifel. Interessant sei hier, dass sich Goppel und Rüttgers scheinbar nicht wiedersprechen. Während Goppel ein Bild zeichne, das „beweise", dass Deutschland integrationsfähig sei, bedaure Rüttgers, die Integration der türkischen Mitbürger sei gescheitert. Vor diesem Hintergrund werde die Schuld daran allein den intergrationsunwilligen Ausländern gegeben.

Schlauchs Drei-Säulen-Modell wurde in der Gruppendiskussion immer wieder als Beispiel genannt, dass man hier die Hoffnung gehabt habe, ein bisschen Struktur in die Diskussion zu bekommen, was dann aber enttäuscht worden sei. Man habe sich geradezu an ihm und an den Säulen festgehalten, obwohl teilweise betont wurde, Schlauch sonst eigentlich nicht zu mögen. Bei ihm und bei den Stellungnahmen Vogts seien Wörter wie „Humanität" wenigstens noch ab und zu zu hören gewesen. Allerdings war man enttäuscht und teilweise sauer, dass offensichtlich auch bei den Regierungsparteien, Humanität und Menschenrechte nur am Rande eine Rolle spielen und man sich bereits sehr konform der Sprache über formale Regelungen angepasst habe, um das Problem der Einwanderung zu lösen.

4.4 Vorschläge zur Problemlösung

Argumente der Talkgäste

Die Gäste der Sendung stimmten in zwei grundsätzlichen Punkten am Ende der hitzigen Diskussion miteinander überein. Dies ist zum einen, dass Deutschland Einwanderung benötigt. Die sich anschließenden Fragen, wie zur Begrenzung oder genaueren Regelung blieben allerdings kontrovers. So führt Schlauch als Schlusswort aus, man solle erst einmal anfangen, alle diejenigen zu legalisieren, die hier schon lange leben und arbeiten. Worauf Goppel, während Christiansen bereits die Diskussion abschließt, erwidert, das sei „die grüne Gefühlsduselei der Legalisierung". Zum anderen ist man sich in der Runde einig, dass Ausländer, die nach Deutschland kommen wollen, die deutsche Sprache erlernen sollten. Auch hier brachte Goppel in einem Zwischenruf die

Unterschiede auf den Punkt: Schönherr sagt, es sei wichtig, dass die hier lebenden Ausländer deutsch lernten. Dies solle aber nicht geschehen, damit sie Goethegedichte aufsagen könnten, weil wir so stolz auf unsere Kultur seien, sondern damit wir mit ihnen reden könnten und damit sie uns nicht so fremd seien, worauf Goppel im Applaus für Schönherr erwiderte: „Damit sie *mit uns* reden können!"

Assoziationen der Interpretierenden

Eine Gruppenteilnehmerin sagte im Anschluss an die Sendung, dass sie nun schon das Gefühl habe, dass Einwanderer deutsch lernen müssten, schließlich hätten das ja alle gesagt. Andere betonen, dass man sich in Deutschland seit Jahren einig darüber ist, dass AusländerInnen deutsch lernen sollten. Bezeichnenderweise habe man sich dagegen nie einigen können, was die Deutschen ihrerseits zur Integration beitragen könnten/müssten. So reihten sich die Kommentare über den Zwischenruf Goppels ein in die allgemeine Diskussion und Entrüstung über die Positionen der CDU/CSU und wurde in der Gruppe als ein weiteres Zeichen für die problematische Sicht der CDU/CSU zum Thema Einwanderung betrachtet, die in der folgenden zusammenfassenden Diskussion vertieft wird.

4.5 Zusammenfassende Diskussion des Inhaltes

Wie die Reaktionen der Interpretationsgruppe auf die Argumente der Sendungsdiskussion zeigen, bewegen sich die Argumente der Talkgäste in der Spannung einer manifesten und latenten Ebene. Sie sind zwar klar verständlich und deutlich, aber dennoch bleibt oft ein Gefühl zurück, dass etwas an ihnen falsch ist, ohne dass man das sogleich benennen könnte. In der Gruppendiskussion drückte sich dies oft in Form einer Kombination aus Wut und Ohnmacht aus. Über die eben beschriebenen und teils interpretierten manifesten Argumente hinaus möchte ich im folgenden versuchen darzustellen, auf welchen latenten Vorstellungen die Diskussion bei Sabine Christiansen basierte und welches deutsche Selbstbild sich darin zeigt.

„Wir können nicht allen 6 Milliarden Menschen auf der Welt helfen"

Der erste Ausgangspunkt liegt in dem Gedanken, dass Deutschland ein humanitäres Land ist, „wir"[16] aber nicht allen Menschen dieser Welt helfen können. Auf Grund dessen muss man sich darüber verständigen, wer nach Deutschland kommen darf und wen man damit unausgesprochen ausschließt.

Unter dem Schutzmantel der Humanität wird hier eine neue rassistische Kategorie hoffähig gemacht. Es geht nicht mehr um Europäer und Nicht-Europäer, Weiße und Schwarze etc., sondern um nützliche und unnützliche Ausländer. Scheinbar gibt es in Deutschland nur Platz für eine gewisse Anzahl Ausländer, dann ist Deutschland sozusagen „ausländergesättigt". Damit erscheint es nur sinnvoll, dieses Kontingent mit solchen Ausländern zu füllen, die hier in Deutschland gebraucht werden und sich nützlich machen können. Damit wäre dann beiden Seiten geholfen. Die nützlichen Ausländer heißen in der Sendung „Greencards", die unnutzen „Asylanten". Während man auf der einen Seite von der Notwendigkeit einer Begrenzung der Asylanten spricht, werden auf der anderen Seite 30.000 Greencards gefordert. Diese Gedankengänge sind explizit in den Positionen der CDU/CSU und dem Vertreter der Wirtschaft zu sehen, implizit liegt aber auch Schlauchs 3-Säulen-Modell die grundsätzliche Möglichkeit der Kategorisierung von Ausländern zu Grunde. So wird in der Sendung das Thema „Einwanderung" hauptsächlich im Rahmen einer Diskussion über „Regelungen" abgehandelt.

Diese Argumentation basiert auf einem überheblichen Fehler. Die Frage ist nicht etwa die, ob es Deutschland gelingt, allen in der Welt zu helfen oder nicht, und aus der jeweiligen Antwort Konsequenzen zu ziehen, sondern der Fehler und die Überheblichkeit liegt in der Vorstellung, dass sich scheinbar alle 6 Milliarden Menschen dieser Welt wünschen, *Hilfe* von Deutschland zu bekommen. Dies ist nicht der Fall. Man könnte nun sehr leicht die Einwohner der westlichen und asiatischen Industrieländer von den 6 Milliarden subtrahie-

---

[16] Da ich selbst Deutsche bin, werde ich im folgenden öfters von „uns" als den „Deutschen" reden. Dies verstehe ich als eine das Bild von der homogenen „deutschen Gemeinschaft" in Frage stellende Selbstironie.

ren, damit würde allerdings zunächst nur die numerische Übertreibung verringert werden. Die eigentliche Problematik dieser Sichtweise liegt darin, dass „wir Deutschen" anderen *helfen*, wenn wir sie hier her kommen lassen und sie für uns arbeiten dürfen. Glaubt man hier den Statistiken Jungs, dann ist es genau anders herum. Deutschland braucht Einwanderung, um den Wohlstand der Gesellschaft halten zu können. Die Ausländer, die hier her kommen, helfen also *uns*. Natürlich weiß man, dass sich nur wenige Länder dieser Welt einen solchen Lebensstandard leisten können, weshalb sicherlich viele Menschen dieser Welt nach Deutschland kommen wollen würden, um an diesem Wohlstand teilzuhaben. Dies ist aber ein Grundprinzip der kapitalistischen Ordnung und hat nichts mit humanitärer Hilfe zu tun. Richard Sennett beschreibt ein solches „Helferverhalten" in seinem Buch „Autorität" und folgert: „Die anderen zeigen ihr Bedürfnis nach dir deutlicher, als du dein Bedürfnis nach ihnen zeigst. Das macht dich zum Herrn der Situation" (Sennett 1990, S. 105).

Das mögliche deutsche Selbstbild als ein Land, das von ausländischen Arbeitskräften abhängig ist, wird in der dargestellten Argumentation gegen das eines großen, starken und helfenden Deutschlands eingetauscht. Die eigenen Mängel können lückenlos auf eine schlechte Regierung oder Wirtschaftspolitik zurückgeführt werden. Scheinbar undenkbar ist, dass andere Länder und Menschen ebenfalls gut oder sogar besser sein können. Der Inszenierung einer starken, helfenden Nation liegt aber nicht nur ein falsches, sondern ein arrogantes und gefährliches Selbstbild zu Grunde. Dass man jemandem helfen kann, setzt voraus, dass man sich selbst in einer besseren Situation befindet. Die Annahme also, dass alle Menschen potentiell Hilfe von Deutschland wollen, gründet auf der Vorstellung, dass Deutschland keine Hilfe benötigt. Deutschland ist unabhängig von anderen. Jede Kooperation mit anderen Ländern ist freiwillig; entweder partnerschaftlich im Rahmen der europäischen Einigung und westlicher Bündnisse oder moralisch-humanitär als „Entwicklungs"-Hilfe. Die Inszenierung einer deutschen Unabhängigkeit hat in der Diskussion viele Funktionen. Sie bietet die Möglichkeit, dass „wir" aus der Masse der Hilfskandidaten auswählen können. Wie Sennet weiter schreibt, zeigt eine autonome Haltung einem anderen, dass man genau auf diesen jemanden nicht angewiesen ist, man kann ihn jederzeit gegen einen andern ein-tauschen (a.a.O., S. 120ff). So könnte Deutschland einfach die nächste „Greencard" nehmen, wenn ein Einwanderer z.B. nicht deutsch lernen will. Solche Teilnahmslosigkeit und Reserviertheit gegenüber Menschen, die evt. Ansprüche stellen, „ist in der komplexen Form von Autonomie ein Mittel, die Oberhand zu behalten" (Sennett 1990, S. 105). Geholfen wird also nur im Rahmen dessen, was die deutsche Überlegenheit nicht in Frage stellt. Z.B. hilft Deutschland nicht etwa, weil die Weltordnung, die Deutschland aktiv mitgestaltet und von der es profitiert, ungerecht ist, also aus einem Bewusst-sein für Fehler oder Ungerechtigkeiten, sondern aus inszenierter christlich-humanitärer Großherzigkeit. Die eigene überlegene Stellung in der Welt (weiß, reich, westlich) wird aber genau damit sicher gestellt.

Hier kann man eine Parallele zur Sichtweise auf die „Errungenschaften" der Frauenbewegung sehen. Hier wie dort gewährt die machtvolle Position der schwächeren an der Macht bzw. am Wohlstand teilzuhaben. Frauen dürfen dann als Politikerinnen in einer Talkshow bei den „Großen" mitreden bzw. die armen Inder und Russen dürfen ein bisschen an den guten deutschen Compu-tern spielen. Solange man aber lediglich andere großzügig gewähren lässt, ist die eigentliche Hierarchie nicht in Frage gestellt, geschweige denn ein Be-wusstsein für den Bedarf einer Veränderung ungerechter Strukturen vorhan-den. „Gewiß, nur wenige Menschen sind absichtlich grob oder gefühllos. Doch die Autonomie macht es unnötig, mit anderen offen und wie mit Gleichgestellten zu verkehren" (Sennett 1990, S. 105).

„Damit sie mit uns reden können"

Wie eine Begegnung zwischen einer deutschen und einer anderen Kultur auf Grund solcher Prämissen aussieht, zeigt sich besonders anschaulich in der o-ben beschriebenen Szene zwischen Schönherr und Goppel. Während Schön-herr betont, dass Einwanderer deutsch lernen sollten, damit wir mit ihnen re-den können, korrigiert Goppel „Damit sie *mit uns* reden können!".

Auch hierin zeigt sich deutsche Unabhängigkeit in dem Sinne, dass nicht „wir" mit anderen reden müssen, also keines Austausches mit anderen Menschen oder Kulturen bedürfen, sondern diese gnädigerweise mit uns reden dürfen. Implizit beinhaltet diese Sichtweise, dass man nichts Neues von anderen erfahren kann, also nichts gelernt werden könnte. Das Deutsche ist eine fertige, abgeschlossene Kultur für sich, andere dürfen – eventuell – von uns lernen, nicht wir von ihnen. Legt man dieses Verständnis von menschlicher oder kultureller Begegnung zu Grunde, dann ist es eine logische Konsequenz, dass eine multikulturelle Gesellschaft nicht existieren kann, denn ein gleichberechtigtes Nebeneinander in gegenseitigem Austausch miteinander scheitert mit der Vorstellung, dass eine Kultur nicht mehr lern- und austauschbedürftig ist. So produziert man sich seine Argumente gegen eine multikulturelle Gesellschaft selbst und kann wie unschuldig den „Beweis" führen, dass die Integration der seit Generationen in Deutschland lebenden Türken gescheitert sei.

Vor dem beschriebenen Hintergrund ist es bereits auf einer rein inhaltlichen Ebene falsch zu bestreiten, man habe Feindseligkeit im Sinn, wenn man den Begriff „Leitkultur" benutze. Viel schwerwiegender ist allerdings, dass die rhetorische Verschleierung der eigenen Fremdenfeindlichkeit äußert gefährlich ist. Vorstellungen der eigenen Überlegenheit und der mehr oder weniger freien Verfügbarkeit anderer auf Grund deren Abhängigkeit können von großen Volksparteien vor einem Millionenpublikum geäußert werden, ohne größere Gegenargumente zu bekommen. Die, die noch von Humanität reden, werden einfach als naive Träumer dargestellt, eben als die, die tatsächlich denken würden, man könne allen 6 Milliarden Menschen helfen. Nun kann man nur darüber spekulieren, welchen Ziel Merz mit dem Begriff „Leitkultur" verfolgte, das Problematische daran ist allerdings, dass politische Macht nicht zuletzt durch Sprache, durch machtvolle Begriffe hergestellt wird. In „Politik und Ästhetik" schreibt Peter Siller: „Das Patent auf bestimmte Begriffe kann einer Person oder Partei die Meinungsführerschaft in bestimmten Bereichen einbringen. Begriffe verhelfen als gut gestylte Produkte zu medialer Präsenz und Wirksamkeit. Mit der Sprache entscheidet sich, welchen Adressatenkreis eine Meinung erreicht und damit, wie inklusiv und exklusiv die Sphäre der Politik ist" (Siller 2000, S. 13). Hier sei gerade die Themeninszenierung der „inneren Sicherheit" wahlpolitisch besonders interessant, da hier mit Schlagwörtern suggestiv und simplifizierend Ängste erzeugt und abgerufen werden könnten. „Wem es gelingt, in der Öffentlichkeit als Beschützer der Individualrechtsgüter wahrgenommen zu werden, wird tendenziell Wählerstimmen hinzugewinnen" (a.a.O., S. 16).

Der Selbstdarstellung, dass Deutschland eine unabhängige Kultur ist, die nichts von anderen lernen muss und kann, liegt letztlich die Angst vor Veränderung zu Grunde. Man verschließt sich und seine Sichtweise vor der der anderen, in der Angst, diese könnten die eigenen Annahmen in Frage stellen und damit Veränderungen der eigenen Sichtweise zur Folge haben. Bereits die Annahme, dass nicht alle Menschen dieser Welt von der deutschen Gunst abhängig sind, würde die vermeintliche Vormachtstellung hinterfragen und damit die Abhängigkeit Deutschlands von ausländischen Arbeitskräften in den Blick rücken. Aber in der kulturellen Begegnung geht es nicht zwangsläufig darum auszuhandeln, welche Sichtweise oder Praktik die richtige ist und welche sich daher an die andere anpassen sollte, sondern in der Begegnung von Menschen mit unterschiedlichem kulturellen Hintergrund wird man sich der eigenen erst bewusst. Es steht nicht zur Diskussion, welche kulturelle Praktik fortgesetzt wird, sondern hinterfragt wird lediglich die vermeintliche Natürlichkeit der eigenen Art und Weise. Die Befürworter der Leitkultur sind daher nicht, wie man annehmen könnte, Beschützer der deutschen Kultur vor einer ausländischen Bedrohung, sondern lediglich Beschützer der Vormachtstellung der deutschen Kultur. Damit zerstören sie paradoxerweise die Chance herauszufinden, was deutsche Kultur überhaupt ist, da man durch die feindliche und ablehnende Haltung anderen Kulturen gegenüber den Kontakt meidet, der die nationale Eigenheit erst bewusst und erfahrbar machen könnte.

In der Diskussion der Interpretationsgruppe konnte eine ähnliche Argumentationsstruktur gesehen werden. Während wir in der Gruppe besonders stark auf Goppels und Rüttgers' Positionen reagierten, die lediglich einen herrschenden oder einen sich unterordnenden, entschuldigenden Umgang mit der eigenen und mit andere Kulturen zuließen, reagierte die Gruppe auf die Thematisierung des Nationalsozialismus in ähnlicher Weise. Entweder war man beschämt, still und eingeschüchtert, als sich Schönherr als Zeitzeuge des Fa-

schismus präsentierte oder man reagierte entrüstet, als er die Fremdenfeindlichkeit heute mit dem Bild der Rampe in Auschwitz in Zusammenhang
brachte. Nun war die Art der Darstellung von Schönherr vielleicht tatsächlich
unpassend, nicht aber der inhaltliche Zusammenhang, auf den man in der Interpretationsgruppe hauptsächlich Bezug nahm. Damals wie heute geht es um
die Inszenierung einer deutschen Überlegenheit, die u.a. bewirkt, dass man
zwischen nützlichen und unnützlichen Menschen unterscheidet und die letztlich auf einer tiefen Unsicherheit der eigenen Identität basiert. So zeigte sich
sowohl in der Sendungs- als auch in der Interpretationsdiskussion eine Argumentationsstruktur, in der es keine Alternative zu einer unterwürfigen oder
überlegenen Haltung in bezug auf die deutsche Vergangenheit und die deutsche Identität heute gibt. Die Vermutung, dass dies Verhaltensweisen sind, die
typisch für die Diskussion im heutigen Deutschland sind, kann hier nicht
weiter vertieft oder belegt werden. Interessant für die vorliegende Arbeit ist
aber, in wie fern die Sendung selbst diese Diskussionsstruktur unterstützt hat.
Dies werde ich in der abschließenden Diskussion in Kapitel 7 unter Berück-
sichtigung der beiden folgenden Kapitel über die Sendungsdiskussion im allgemeinen und über die Moderation diskutieren.

5. Die Diskussion allgemein

5.1 Die Diskussionsatmosphäre

Nach dem Schauen der Sendung herrschte in der Interpretationsgruppe einhellige Aufregung, man empfand die Sendung als äußerst anstrengend, sie machte nervös, aggressiv, man war aufgehetzt, oft völlig in das Geschehen involviert. Die Diskussion wurde mit Bildern wie „wilder Westen" und „Schlammschlacht" beschrieben, in denen es klare Fronten und gegenseitige Beschüsse gegeben habe. Ambivalent wurde geäußert, man habe die ganze Zeit Angst gehabt, dass es zu einem Eklat zwischen den Diskutierenden kommen oder Peinliches angesprochen werden könnte, obwohl dass einem ja egal sein könne. Es werde sehr viel in sehr kurzer Zeit angesprochen, so dass man kaum eine Chance habe, sich dem Tempo zu erwehren und nicht in die Aggressivität der Diskussion mit hineingezogen zu werden. Gleichzeitig aber ist das Gefühl stark, dass man gerade nur einen Schaukampf gesehen hat. Man hatte die Empfindung, dass in der Sendung die ganze Zeit um Sachverhalte diskutiert werde, um die es gar nicht gehe.

Gleichzeitig gab die Diskussion bei „Sabine Christiansen" der Interpretationsgruppe ein unangenehmes Gefühl von Geordnetheit, so als würden die Talkgäste stets versuchen zu zeigen, alles im Griff und unter Kontrolle zu haben und die jeweils eigenen „Fakten" sachlich und objektiv zu überschauen. Das Thema sei aber letztlich zu Gunsten der Selbstdarstellung und der Show zurückgetreten. Keiner der Anwesenden habe über die wirklichen Probleme geredet, wie z.B. ob es menschenwürdig sei, Menschen am Flughafen abzuschieben, die Arbeitserlaubnis zu verweigern oder über die von Christiansen im Film angesprochene Problematik, rassistische Stimmungen für Wahlkämpfen zu benutzen. Diese habe man in der Sendung gemieden, so dass die Diskussion am Thema vorbei, wenn nicht sogar vollkommen inhaltsleer gewesen sei. Die eigentliche Beunruhigung auf Grund von rassistischen Übergriffen oder der wirtschaftlichen Situation habe es zwar sicherlich gegeben, sie wurde aber nur in Form von emotionalisierten, assoziativen Bildern zum Ausdruck gebracht, die von einer distanzierten technokratischen Sprache verdeckt worden seien. So habe man lediglich über Regelungen der Einwanderung geredet. Das habe zweierlei deutlich gemacht. Zum einen, dass die Anwesenden nicht wirklich kompetent gewesen seien, um zu dem Thema zu diskutieren. Z.B. schien niemand bei der Frage der Integration von Erfolgen bereits existierender Integrationsprogramme gehört zu haben, womit man Rüttgers' Darstellung der Parallelgesellschaften hätte relativieren können. Zum anderen stellte die Gruppe fest, dass es eklatant sei, wer zu dieser Diskussion zum Thema Einwanderung nicht eingeladen worden sei. So trage die Abwesenheit von in Deutschland lebenden Ausländern, die tatsächlich von Rassismus bedroht seien, verstärkt dazu bei, dass die Anwesenden mit Bildern suggestiv Vorurteile und Phantasien bedienen und auf den unsichtbaren, wirklich Betroffenen ihre Show aufbauen. Weder seien „Vorzeige-Ausländer", wie fließend deutsch sprechende Computerspezialisten oder der Bundestagsabgeordnete Cem Özdemir, der sonst oft ein beliebtes Integrationsbeispiel sei, noch Vertreter aus Organisationen oder Einrichtungen wie Pro-Asyl, die ständig mit dem Thema konfrontiert seien, eingeladen worden.

So habe es letztlich nicht einmal eine „kontroverse Diskussion" gegeben, wie es das Ziel der ProgrammmacherInnen sei, sondern höchstens einen politischen Schlagabtausch, in dem es keinen wirklichen Austausch gegeben habe. Die Gruppe hatte das Gefühl, dass sich bei aller scheinbaren Gegensätzlichkeit alle Teilnehmenden doch irgendwie einig seien, und vermutete, dass es wohl einen Sprachkonsens gäbe, aus dem man in der öffentlichen Politik nicht herausfallen dürfe. Dieser konnte zwar in der Gruppendiskussion noch nicht genauer benannt werden, es wurde aber die Vermutung geäußert, dass es inhaltlich in der Sendung um andere „Tabus" zum Thema Einwanderung gegangen sei als um die, die Christiansen durch den Titel, die Einführung oder den Film intendiert habe. Während der Diskussion habe man den Titel der Sendung völlig vergessen oder kaum gewusst, warum es so heiße, bzw. welches Tabu tatsächlich gemeint gewesen sei. Im nachhinein habe man daher eher das Wort „Tabu" aus dem Titel, oder „Leitkultur" aus der Diskussion erinnert als „Einwanderung".

5.2 Reaktionen auf das Verhalten der Gäste

Am emotionalsten wurde in der Interpretationsgruppe auf die Positionen von Goppel und Rüttgers reagiert. Während Rüttgers mehr als selbstsicher, abgebrüht, und belehrend empfunden wurde, hatte man bei Goppel Assoziationen an einen wild um sich schiessenden, aufgeschreckten „Gockel". Beide scheinen sich ihrer Sache sehr sicher, oft sitzen sie zurückgelehnt und entspannt. Goppel springt nur bei Angriffen nach vorne und gestikulierte stark und übergreifend von der Stuhlkante aus, deutet mit ausgestrecktem Zeigefinger auf oder berührt die Angegriffenen. Er blickt entweder über dem oberen Rand seiner Brille hervor, was sehr fordernd und besserwissend wirkte oder blickt von oben auf die anderen herab. Bei Rüttgers fiel hauptsächlich sein scheinbar ständiges, stählernes Lächeln auf. Es wirkte arrogant, selbstgefällig, überlegen und aggressiv, man konnte schier blanke Mordlust assoziieren, die vielleicht aus seiner gleichzeitigen tiefen Kränkung herrührt, schließlich habe er mit seinem Vorstoß „Kinder statt Inder" eine politische Bauchlandung gemacht und werde an diese immer wieder in der Sendung erinnert.

Abgesehen von inhaltlichen Vorbehalten gegenüber der Argumentation von Goppel und Rüttgers wurde in der Interpretationsgruppe auch ihr Redestil und das Verhalten während der Diskussion besprochen. Beide bedienen sich während der Sendung ähnlicher rhetorischer Mittel. So wiederspricht sich oft das Gesagte mit dem eigenen Handeln in der Sendung. Goppel klagt z.B. anfangs, man solle doch nicht über Dritte, wie z.B. Merz, reden, die gar nicht anwesend seien, und mutmaßen, was sie gemeint haben könnten. Selbst aber kritisiert er beispielsweise einen Ausspruch des nichtanwesenden innenpolitischen Sprechers der Bündnisgrünen Volker Beck oder spricht pauschal von „der Wirtschaft", die Anfang der 90-er Jahre Ingenieure „zum Teufel gejagt" habe. Ebenso wiedersprechen sich bei Rüttgers einige Aussagen mit seinem konkreten Handeln in der Sendung. So verteidigt er sich gegen einen Vorwurf von Vogt, hier würde doch niemand alles in einen Topf schmeißen, zeichnet aber klare stereotype Bilder von Einwanderern und in Deutschland lebenden Ausländern und benutzt diese als Grundlage seiner Argumente. So sind in seinen Beispielen stets Ausländer mit Türken gleichgesetzt. Auch stellt er sich als ruhig, sachlich und besserwisserisch dar, in dem er von sich in unterschiedlichen Situationen behauptet, er sage das jetzt mal „ganz neutral" oder man müsse auch mal „die Wahrheit" oder „ die Realität" zur Kenntnis nehmen. Gleichzeitig untermauert er seine Argumente mit emotionalisierten Bildern und Schlagworten, wie denen von jungen türkischen Frauen, die zum Heiraten nach Deutschland geholt werden oder von jungen Türken, die Fundamentalisten in Koranschulen in die Hände fallen.

Diese sich widersprechenden Aussagen und Handlungen bei Rüttgers und Goppel bewirkten in der Interpretationsgruppe zunächst Aggression und Ohnmacht, da man lange in der Wirkung gefangen blieb, bis man im gegenseitigen Austausch der Widersprüchlichkeit zwischen Gesagtem und den Handlungen näher kam. Man hatte hauptsächlich das ständige Gefühl, dass Rüttgers und Goppel unablässig das Wort im Mund herumdrehen. Dies zeigte sich am deutlichsten in Szenen, in denen beide miteinander z. B. über das „multikulturelle" Bayern scherzten (dort, so Goppel und Rüttgers, würden schließlich auch Preußen wohnen).

Neben den inhaltlichen Angriffen und Verkürzungen reagierte die Gruppe entrüstet über rhetorische Strategien Goppels und Rüttgers', die ihre Diskussionsgegner abwerteten. So beginnen beide einmal ihre Ausführungen mit einem leicht genervten, arroganten Gesichtsausdruck und den Worten: „Liebe Frau Kollegin Vogt..." und gehen dann auf Argumente ein, die sie gegen Rüttgers oder Goppel anführte. Ebenso benutzen beide einmal die Dutzform in Bezug auf Vogt und Schlauch. Rüttgers entgegnet auf die entrüsteten Reaktionen zu seiner Aussage, er denke nicht, sich für sein Deutsch-Sein zu entschuldigen „Regt Euch doch nicht so auf!". Goppel sagt ein anderes Mal zu Schlauch, dass eine europäische Lösung zum Einwanderungsproblem gesucht werden müsse, dass Fischer nicht immer nachts mit Frau Albright (der Außenministerin der USA) telefonieren solle, sondern das müsse jetzt „von Euch" mit den Europäern auf den Weg gebracht werden. Letzteres wurde nicht nur inhaltlich als vollkommen niveaulos empfunden, sondern auch als unverschämt und unpassend. Hier reiht sich auch Rüttgers Nachfrage an Vogt ein, in welchen Kreisen sie denn verkehre, als sie behauptete, dass viele Deutsche immer noch denken würden, andere könnten nicht besser sein. Das Dutzen verbindet sich mit der generellen belehrenden Haltung, die sich u.a. auch in einem Bravo!-Zwischenruf von Rüttgers zu Schlauchs Ausführung, dass Einwanderer die deutsche Sprache lernen müssten, ausdrückt. Rüttgers und Goppel geben sich eine sachliche, rationale und erwachsene Attitüde, die glaubhaft machen soll, dass sie wirklich „die Wahrheit" kennen. Damit geben sie ihren Diskussionsgegnern die Rolle eines naiven, realitätsfremden Kindes.

Weiter wirkte das Zusammenspiel von Rüttgers und Goppel während der Sendung auf die Gruppe wie eine Verbündung gegen die anderen Diskussionsteilnehmer, incl. gegen Christiansen. Sie nehmen nicht nur von der ersten Statement an Bezug aufeinander, sondern es scheint als inspirierten sie sich gegenseitig in Argumentationsideen und Redestilen. So bezieht sich auch Rüttgers wenige Minuten nach Goppel mit der Anrede „Frau Kollegin Vogt" auf ein Argument Vogts, bzw. Goppel entwickelt seine Argumentation als Fürsprecher der Frauen wahrscheinlich aus einem nicht durchgesetzten Redeansatz Rüttgers. Während der Sendung fällt zudem auf, dass sie sich oft anschauen und teilweise höhnisch lächelnde, wissende Blicke austauschen, die neben der Demonstration der Kampflinien das gerade Gesagte ins Lächerliche ziehen, bzw. verhindern, dass man überhaupt zuhört. Höhepunkt hierbei ist das Zusammenspiel der beiden während Schlauch erklären will, dass man deutsche Leitkultur nicht definieren könne. Diese Szene wirkte auf die Gruppe, als spielten sich Goppel und Rüttgers während dessen mit Zwischenrufen und Blicken lustvoll den Ball hin und her. Generell wurde bemerkt, dass Goppel und Rüttgers viel öfter als die anderen Talkgäste dazwischen rufen und andere während des Redens unterbrechen.

Neben diesen Eindrücken der scheinbaren Überlegenheit der beiden, machte sich aber auch deutlich der Eindruck breit, dass beide tief gekränkt seien, dass sie nicht mehr die Regierungsmacht in Deutschland hätten. Manches Lächeln Rüttgers' zeige nicht nur souveräne arrogante Überlegenheit, sondern eben auch eine gewisse Trübung, die zeige, wie angespannt dieses Lächeln sei. Ebenso könnten die emotionalen und inhaltlich niveaulosen Entgleisungen Goppels als Ausdruck tiefer Gekränktheit gesehen werden.

Im Gegensatz zu den inhaltlichen Positionen von Rüttgers und Goppel wurden die von Vogt und Schlauch von der Gruppe grundsätzlich positiver aufgefasst. Zwar gab es auch hier Bedenken, aber wie aus den oben beschrieben Assoziationen hervorgeht, wurde bei weitem nicht so intensiv über ihre inhaltlichen Argumente diskutiert So wurden über Schlauch und Vogt mehr allgemeine Eindrücke geäußert und diskutiert.

Schlauch wurde oft als ein letzter Rettungshaken in dem chaotischen, angespannten Diskussionsdurcheinander empfunden, dem man grundsätzlich eher zustimmte. Vor allem gab, wie beschrieben, sein Bild der Säulen Klarheit und Beruhigung in einer Situation, in der man in der Gruppe nach Struktur „lechzte". Selbst für diejenigen der Gruppe, die sagten, ihn normalerweise nicht leiden zu können, war er der einzige in der Diskussionsrunde, mit dem man wenigstens teilweise sympathisieren konnte. Andere in der Gruppe sagten, er habe so argumentiert, wie man selbst auf das ein oder andere habe reagieren wollen, bzw. gute Einwände gegen Positionen der CDU/CSU gehabt. So habe man sich z.B. gefreut, dass er Goppels Begriff der Hausordnung selbstironisch karikierte. Erleichternd war ebenfalls, dass er deutlich machte, dass man die deutsche Kultur nicht fest definieren könne, und daher unklar sei, was das Leitende der Leitkultur sei.

Insgesamt wirkte Schlauch auf die Gruppe vor allem durch seine stattliche körperliche Präsenz wie ein großer Fels in der turbulenten Diskussionsbrandung. Dadurch schien er zum einen besonnen und so, als ließe er sich nicht aus der Ruhe bringen. Zum anderen wurde die Assoziation geäußert, er sei wie ein Elefant dickhäutig und unbeweglich. Es fällt auf, dass er während seiner Ausführungen stark, deutlich und teils beängstigend gestikuliert, ansonsten aber fast unbewegt sitzt. Er schaut teilweise geduckt von unten, aber dennoch direkt in die Augen seiner Gegner, was ihm einen ebenso aggressiven und kampfbereiten Gesichtsausdruck gibt wie Rüttgers und Goppel. Zu Beginn beispielsweise wirkte er wie ein schnaubendes großes Tier, das in den Ring gebracht wird, so dass man fast Angst bekommt, wenn er ansetzt, den Mund aufzumachen. Dieses Schwerfällige und Gewaltige wurde einerseits als untypisch für einen Grünenpolitiker aufgefasst, man verband in der Gruppe mit den Grünen scheinbar noch immer junge linke Spontis, zu denen ein kloßiger, Anzug tragender Schlauch nicht passt. Man bangte aber auch teilweise, dass er zu schwerfällig und unspontan sein könne, um sich gegen Goppels Sticheleien zu wehren. Andererseits scheint man auch daran gewöhnt zu sein, dass Grünenpolitiker sich mittlerweile äußerlich und zum Teil inhaltlich nicht mehr von anderen unterscheiden. Positiv wurde aber bemerkt, dass er fairer in der Diskussion kämpft als Rüttgers und Goppel. Er redet so gut wie nie dazwischen, sondern ergreift lediglich das Wort, wenn es ihm zugeteilt wird. Das machte ihn für die Gruppe sympathisch, gleichzeitig aber auch durch seine klaren Schüsse gegen Rüttgers und Goppel knallhart und selbstgerecht. Er wirkte nicht so polemisch und inhaltlich niveaulos, benutzt aber auch starke Bilder, die seine Gegner lächerlich machen. Im Gegensatz zu Rüttgers und Goppel wurde dies bei Schlauch aber als gut, sympathisch und vor allem als entlastend empfunden.

Ute Vogt wurde im großen und ganzen ebenfalls als sympathisch gesehen. Oft wurde erwähnt, dass sie gute Argumente gehabt und ähnlich auf vorher Gesagtes reagiert habe, wie es manche in der Gruppe selbst gemacht hätten. Aber wie bei Schlauch hat die Interpretationsgruppe kaum etwas zu ihrer inhaltlichen Argumentation gesagt. Erwähnenswert war bei ihr offenbar eher die Art ihres Redens und Kommentare und Überlegungen zu ihrem Aussehen. Zu beiden Punkten gab es unterschiedliche Standpunkte. Häufig wurde bemerkt, dass Vogt jung, hübsch und attraktiv sei und damit in der Diskussionsrunde herausstach. Besonders auffällig und irritierend wurde bei ihr daher ein zusammengekniffenes, böses Funkeln in den Augen beschrieben. Auf Grund dieser Kombination gab es verschiedene Wirkungen und Mutmaßungen: Sie sei eine kritische Zuhörerin, die Grimassen schneide; ihr Gesicht wirke wie eine Maske, unter der sie ebenso wie die anderen, bereits etablierten Politiker nur daran denke, wie sie sich in der Runde am besten platzieren und behaupten könne; sie stilisiere sich als schöne, junge Frau und stünde als Newcomerin in der Politik wohl unter hohem Beweisdruck. All dies lenke sehr davon ab, auf den Inhalt ihrer Ausführungen zu achten, weswegen man sich dann mehr damit beschäftige, wie sie z.B. mit ihrem grauen Hosenkostüm und der auffälligen Kette sitzt oder sich während des Redens bewege. Andere empfanden sie als sympathisch und entspannt. Vor allem im Vergleich zu Christiansen habe sie viel lockerer und spontaner gewirkt. So habe sie z.B. einmal herzlich während der Diskussion gelacht und nicht so steif und ernst wie Christiansen gesessen. Bei ihr hätte man teilweise das Gefühl gehabt, dass sie noch nicht so abgebrüht sei wie die anderen Diskussionsgäste. Sie wurde als „weiblich engagiert" beschrieben, was bedeutete, sie habe versucht, etwas zu sagen, sei aber nicht durchgekommen, habe sich von den Sachen, die ihr an den Kopf geworfen wurden, angegriffen gefühlt, was sie zwar menschlich aber gleichzeitig auch weniger seriös gemacht habe. Einmal wurde beeindruckt festgestellt, dass sie trotz massiven Unterbrechungsversuchen von Seiten Goppels und Rüttgers sich zwar von diesen beeinflussen ließ, aber trotzdem ihre Argumente fertig ausführen konnte. Besonders der weibliche Teil der Gruppe war scheinbar so beeindruckt, dass sie sich durchsetzen konnte, dass man gar nicht auf das gehört habe, was sie sagte. Andere hatten bei dieser Szene eher das Gefühl, dass sie wohl den Faden vor Aufregung verloren habe, so dass man ihr nicht mehr habe folgen können. Das sei zwar auch bei anderen Szenen und Teilnehmern der Diskussion so gewesen, aber bei ihr sei es anders auffallen.

Schönherr wurde insgesamt eher als ein Diskussionsteilnehmer mit einer Nebenrolle wahrgenommen. Man wunderte sich teilweise, ihn zu diesem Thema in einer Sendung zu sehen, da man ihn selbst als Talkmaster von älteren Unterhaltungsprogrammen kannte. Durch die Präsentation Christiansens als toleranter Weltkenner und Preisträger und durch sein äußere Erscheinungsbild als grauhaariger, gutmütiger Opa habe er die Rolle der Moralinstanz in der Sendung bekommen. Er konnte sozusagen von außen aus der neutralen Schweiz auf Deutschland schauen. So wirkte er auf manche in der Gruppe ruhig, ernst und integer. Er ließ sich nicht angreifen, sondern versuchte die unterschiedlichen Einstellungen und Ansichten zu verbinden oder fungierte wie ein Schiedsrichter. Andere stellten sein moralisierendes Auftreten in der Interpretationsgruppe in Frage. Mit seiner Selbstdarstellung als Zeitzeuge des Faschismus oder mit dem Bild der Rampe von Auschwitz habe er die Rhetorik der politischen Argumentation verlassen und die Diskussion emotionalisiert. Dies ließ ihn für die Gruppe als opportunistisch, peinlich und teils lächerlich erscheinen; jemand, der sich nicht ernstlich bemüht habe, die Situation zu verstehen.

Jung wurde ebenfalls eher nebensächlich in der Gruppendiskussion erwähnt. Während der Sendung habe man teilweise fast vergessen, dass er überhaupt noch da sei. Er wurde auf Grund seiner inhaltlichen Argumente als unsympathisch empfunden. Seine Gesamtwirkung war aber eher die einer unnahbaren, neutralen und distanzierten Schattenfigur. Es schien, als lasse er sich nicht aus der Ruhe bringen und so als könne er das Problem daher mit einfachen klaren Statistiken besser überblicken und auf den Punkt bringen. Er bildete damit einen neutralen, ruhenden Kontrapunkt zu den in sich selbst verstrickten Politikern. Es schien, als schlage er damit in die von Christiansen forcierte Kerbe und mache die politische Klasse als solche lächerlich, da diese offensichtlich nur über belanglose Begriffe reden und damit Zeit verschwenden würde.

5.3 Kameraführung und Zusatzeinblendungen

Wie bereits geschrieben, nehmen Goppel und Rüttgers mit knapp 24 Minuten nahezu die Hälfte der Diskussionszeit in Anspruch. Diese Dominanz beginnt nach der ersten Fragerunde und wird sowohl durch regelmäßige Zwischenrufe und Unterbrechungen von Goppel und Rüttgers unterstützt als auch durch nicht-verbale Reaktionen zu Beiträgen der anderen DiskussionsteilnehmerInnen. Hier spielt vor allem die Kameraführung eine verstärkende Rolle. In der Regel sieht man Grossaufnahmen von einem Gast, nur selten, meist bei Fragen von Christiansen, bekommen die FernsehzuschauerInnen eine Perspektive, in der man mehrere Diskussionsgäste auf einmal sieht. So sieht man während eines Redebeitrags verstärkt den/die Redenden. Daneben werden aber auch andere Talkgäste eingeblendet, oft von der argumentativen Gegenseite, oder jene, die gerade verbal angesprochen oder angegriffen wurden. So können andere Gäste, die gerade nicht das Wort erteilt bekommen haben, durch mimische Ausdrücke das gerade Gesagte bewerten.

In der Interpretationsgruppe wurde die Kameraführung meist kritisiert. Es sei anstrengend und irritierend, nicht immer denjenigen zu sehen, der gerade spricht. Man wolle selber auswählen, auf wen man achten wolle. Einblendungen von mehreren Gästen seien da schon wesentlich besser. Zwar würden nur sehr selten emotionalisierende Bilder der Gäste gezeigt, wie z.b. Großaufnahmen der Hände, wie es verstärkt bei den privaten Sendern gemacht werde, aber man bekäme durch die Kameraführung oft zu nah das Gesicht der TeilnehmerInnen gezeigt, was als unangenehm empfunden wurde. Verschiedene Mutmaßungen wurden in der Gruppe angestellt, wer wie oft zu sehen gewesen sei. So gab es unterschiedliche Wahrnehmungen in Bezug auf Schlauch und Vogt. Während einige das Gefühl hatten, Rüttgers und Goppel seien ständig zu sehen gewesen, sagten andere, dass gerade Vogt wohl als Newcomerin in der Politik verstärkt „unter die Lupe" genommen wurde. Festgestellt wurde auch, dass ZuschauerInnen im Publikum dann eingeblendet wurden, wenn es zu dem Gesagten gerade gepasst habe. So sah man z.b. stets junge, teils anzugtragende Männer bei Jungs Ausführungen, dass junge Ingenieure gebraucht würden. Das bereits erwähnte ältere, kleinbürgerliche Ehepaar war applaudierend nach Goppels Rundumschlag zu sehen, zwei Teenager als Schlauch fragte, was deutsche Musikkultur sei und deutschen HipHop erwähnte und bei Goppels Ausführungen zur Bedrohung der Errungenschaften der Frauenbewegung waren Frauen verschiedensten Alters, incl. verstärkt Vogt und Christiansen selbst zu sehen. Diese Übereinstimmungen wurden in der Gruppe zunächst als witzig, dann aber vor allem im Laufe der Auseinandersetzung mit anderen „Sabine Christiansen"-Sendungen ärgerlich und manipulierend empfunden.

Ebenfalls verwirrend und ablenkend empfand die Gruppe die Zusatzeinblendungen Dies waren zum einen Hinweise zu „Chat und weitere Informationen zum Thema". Hier fragte man sich, welche Art Informationen das wohl seien. Man assoziierte beispielsweise weitere eher skandalträchtige Informationen über Ausländerfeindlichkeit und fragte nach dem Bezug zur eigentlichen Sendung. Die Gruppe vermisste vor allem erneute Einblendungen des Gesprächsthemas, was zu manchem Zeitpunkt in der Sendung wichtiger und informativer gewesen wäre als Hinweise zum Chat zu sehen, da man oft den Faden verloren hatte. Zum anderen wurden zusätzlich im Laufe der Sendung Angaben zur Person der Talkgäste eingeblendet, die einmal mehr, einmal weniger abgelenkt haben. Am meisten irritierte die Gruppe eine Einblendung gegen Ende der Sendung bei Schönherr, in der zu lesen war „Autor des Buches ‚Die blutroten Tomaten der Rosalia Morales'". Dieser Buchtitel klang nach Meinung der Gruppe so absurd und lächerlich, dass er damit die Rolle der Ernsthaftigkeit und Moral, die Schönherr bis dahin inne hatte, in Frage gestellt habe.

5.4 Zusammenfassende Diskussion der Sendungsdiskussion

Aus den beschriebenen Reaktionen der Interpretationsgruppe geht deutlich hervor, welche Talkgäste als sympathisch, welche als unsympathisch empfunden wurden. Dabei ist interessant zu sehen, wie Sympathie oder Antipathie im Verlauf der Gruppendiskussion begründet wurde. In der Regel wurden zunächst allgemein bewertende Einschätzungen zu den Gästen geäußert, und damit eine Einteilung in „gut" und „böse" gegeben. Im Laufe der Gruppendiskussion wurden diese allgemeinen Bewertungen dann oft mit Hinweisen zu den jeweiligen inhaltlichen Argumenten der Talkgäste begründet und untermauert. Nimmt man die Gruppendiskussion zu Schlauch als Beispiel, so lässt sich sehen, dass an unterschiedlichen Stellen der Interpretationsdiskussion zwei sich widersprechende Eindrücke zu ihm geäußert wurden. Einmal sagte jemand, dass man manche seiner Punkte nicht nachvollziehen könne, man aber dennoch überzeugt gewesen sei, eine andere später, dass Schlauch viel bessere Argumente als Rüttgers und Goppel gehabt habe. Scheinbar treten die genauen inhaltlichen Positionen bei Schlauch in den Hintergrund, so dass hier eher seine Gesamtwirkung als Sympathieträger der Interpretationsgruppe ausschlaggebend war. Ebenso sieht man dies in der Diskussion um Vogt, bei der weniger ihre Inhalte als vielmehr ihre Wirkung betrachtet wurde. Das Zurücktreten der Inhalte in der Rezeption kann aber auch ein Effekt der Forschungsmethode sein, die ein „naives" Sehen fordert, das auf Assoziationen achtet und nicht ein „interpretierendes, distanziertes" Sehen, das sich eher auf Argumente bezogen hätte.

Die Antipathie zu Goppel und Rüttgers wurde anders als bei Schlauch und Vogt sowohl sehr stark mit ihren inhaltlichen Positionen als auch mit ihrem Verhalten während der Sendung begründet. Interessant ist hierbei, dass während der Interpretation einer anderen Sendung zum Thema „Homo-Ehe – Untergang des Abendlandes?" vom 12.11.2000, in der die Verabschiedung des Gesetzes zur Eintragung gleichgeschlechtlicher Partnerschaften diskutiert wurde, die Bundesjustizministerin Herta Däubler-Gmelin (SPD) als eine Sympathieträgerin betrachtet wurde, ihr Verhalten während der Sendung selbst aber sehr ähnlich des von Goppel und Rüttgers war. Sie redete ebenfalls oft dazwischen oder zeigte mit Mimik und Kommentaren eine überlegene und belustigte Missbilligung ihrer politischen Gegner. Eine weiterführende Frage wäre hier also, wie und in welcher Weise Sympathie und Antipathie beim Rezipieren einer Talkshow entsteht. Dies werde ich aber im Rahmen der Inhaltsanalyse der Sendung in dieser Arbeit nicht weiter untersuchen, sondern das wäre Bestandteil der Forschung mit Publikumsgruppen, die die Konversionsmethode in einem weiteren, in dieser Arbeit nicht verwirklichten Schritt vorsieht.

Diejenigen in der Interpretationsgruppe, die regelmäßig „Sabine Christiansen" schauen, sagten, dass sie die Sendung weniger sehen, um Informationen zu bekommen, sondern um die einzelnen Politiker zu sehen und zu beobachten, wie diese sich in unterschiedlichen Situationen verhalten und miteinander umgehen. Man würde eigentlich nie seine Meinung zu dem diskutierten Thema auf Grund der Sendung ändern, selten würde man vom Verhalten des ein oder anderen überrascht, so dass man den/diejenige dann als mehr oder weniger sympathisch sieht. Das bestätigt die Theorie, die ich eingangs dargestellt habe (Kapitel 1.3), dass die Entwicklung von Sympathie oder Antipathie mit grundlegenderen Bedingungen zusammenhängt wie der grundsätzlichen politischen Einstellung, der Meinung zu einzelnen Parteien oder der Möglichkeit der Identifikation mit einzelnen Personen. So könnte die grundsätzlich positivere Bewertung von Vogt zu großen Teilen auch daran gelegen haben, dass sie eine junge, neue Politiker*in* ist, die damit den Interpretierenden am ähnlichsten war.

Sowohl die heftigen, emotionalen Reaktionen und Assoziationen der Interpretationsgruppe, als auch die allgemeine Einschätzung, man schaue die Sendung weniger um Informationen zu bekommen als vielmehr das Agieren der Gäste zu sehen, reihen sich ein in die Beschreibung dessen, was Kalverkämper bereits 1979 für das Genre Talkshow im allgemeinen feststellte: „[V]on Seiten des Zuschauers liegt die Show im Beschauen des Agierenden, in dem verhaltenen Warten auf den Patzer, die decouvierende Geste, den Wutanfall, die Blamage, mit der Vorfreude auf den Moment, wo der Prominente sein Rollenklischee sichtbar abstreift, ertappt wird bei einer rollenkonformen Falschinformation, wo er ‚nackter' dasteht" (zitiert nach Becker 1995, S. 11). Die Kameraeinstellung bietet damit nicht nur den Talkgästen die Möglichkeit, non-verbal Stellung zu beziehen, wenn sie gerade nicht das Wort haben, sondern auch den ZuschauerInnen voyeuristisch das Geschehen und die Personen zu beobachten und zu bewerten. Wenn ZuschauerInnen diese Erwartung an Talkshows allgemein stellen, ist die Erwartung an eine politische Talkshow wahrscheinlich eine ähnliche. In der Interpretationsgruppe wurde die voyeuristische Komponente am Schauen so deutlich nicht benannt, wie es Kalvenkämper ausdrückte, sie kam aber dadurch zum Ausdruck, dass die Sendung gleich nach dem Schauen mit positiver Überraschung als „gar nicht langweilig" kommentiert wurde. Es sei richtig rund gegangen, und man sei überrascht gewesen, dass die Sendezeit so schnell vorbeigegangen sei. Dagegen verliefen bei weniger aggressiven und aufregenden Sendungen die anschließende Gruppendiskussion grundsätzlich gelangweilter und lustloser.

In den Reaktionen der Interpretationsgruppe auf die einzelnen Gäste spiegelt sich – wenn auch abgeschwächt – nicht nur eine generelle Aufteilung in Sympathie und Antipathie wider, sondern es ist mit Ausnahme vom Wirtschaftsvertreter Jung die Gut-Böse-Aufteilung Christiansens aus ihrer Eingangsmoderation und ihrem Filmbeitrag. Ebenso zeigte sich in den ohnmächtigen Reaktionen der Gruppe, die vor allem direkt nach dem Sehen verstärkt zu merken waren, dass man wie sprachlos dem politischen Spiel gegenüber steht und fassungslos merken muss, dass man so oberflächlich, teilweise niveaulos und geradezu gefährlich Politik in Deutschland machen kann und dass dies offensichtlich routinemäßig täglich passiert. Diese Reaktion auf das Gesehene gleicht ebenfalls der Darstellung Christiansens: Wie ich in Kapitel 3.5 argumentiert habe, zeichnet Christiansen sowohl durch die Sendungstitel als auch durch die Präsentation des Themas in den ersten sechs Minuten, ein Bild von unfähigen, realitätsfremden Politikern, die um sich selbst kreisen und damit Deutschland und seine BürgerInnen bedrohlich vernachlässigen. Diese Übereinstimmung von der Darstellung der Sendung und den Reaktionen darauf ist daher interessant, da die Interpretationsgruppe sich stets vehement gegen Christiansens unterschwellige Meinungen gewehrt hatte. Über ihre Intentionen und „tatsächlichen" Ansichten wurde immer lange spekuliert. Da die Methode dieser Arbeit bewusst aber keine Erhebung der Meinungen und Ziele der ProduzentInnen vorsieht, kann hier nur festgehalten werden, dass sich die bewusst oder unbewusst inszenierte Bedrohung in der Diskussion der Interpretationsgruppe widerspiegelt, obwohl sich diese verbal gegen die möglichen Manipulationen der ProduzentInnen wehren.

Ebenso „funktionieren" die Gäste, wie es ihre Rollen, die Christiansen in der Vorstellungsrunde vergab, vorsahen. Die Kampflinien waren klar und wurden eingehalten: Die VertreterInnen der Regierungsparteien kämpften gegen die Opposition, vertreten lediglich durch die Unionsparteien. Schönherr, bekannt aus Kultur, war der Vertreter von Toleranz und Moral und rief zur Versöhnung auf und Jung aus der Wirtschaft mahnte zu mehr Zielgerichtetheit, damit die wirtschaftliche Bedrohung von Deutschland abgewendet werden kann. Mit dieser Rolleneinteilung bedient sich Christiansen der journalistischen Methode, die ich einleitend dargestellt habe, komplizierte politische Sachverhalte durch verschiedene Personen mit entsprechenden, klar gegensätzlichen Positionen darzustellen. Sie unterstützt damit sowohl die steigende Personalisierung der politischen Berichterstattung, als auch die Zentrierung auf Konflikte zwischen den Parteifronten. Kamps schreibt, dass Konsens häufig keinen Nachrichtenwert besäße, obwohl Parteien und Interessensgruppen konsensbereiter interagierten als es die Medien darstellten. „So schlägt sich die Stereotypisierung von Konflikten in der Darstellung des Parteienstreits in Form von Dichotomisierung (Überschätzung von Differenzen zwischen den Parteien) und Generalisierung (Unterschätzung von Differenzen innerhalb der Parteien) nieder" (Kamps 1998, S. 41). So wurden bei der Interpretation dieser und anderer Sendungen oft zu Beginn der Diskussionen die Bezeichnungen „der/die von der CDU", „der Schauspieler" oder „der von der Wirtschaft" anstelle der Namen der eingeladenen Gäste benutzt, was darauf hinweist, dass in der Regel oft nicht die Person als eigene Persönlichkeit, sondern als VertreterIn einer Partei oder Interessensgruppe wahrgenommen wurde, die eine gezielte Aufgabe in der Sendung hatte. Dies kann auch an der Schwierigkeit gesehen werden, die die Interpretationsgruppe bei der Sendung „Gesundheit – nur noch für Reiche?" vom 27.05.01 hatte. Hier waren nicht die üblichen prominenten Politiker, sondern die eher unbekannteren Vertreter der Interessensgruppen der ÄrztInnen, Krankenkassen, PatientInnen etc. eingeladen. Dies machte die einfache Einteilung in oppositionelle Gruppen und Meinungsgegner offensichtlich erheblich schwerer, so dass es sowohl schwer fiel, der Diskussion während der Sendung zu folgen, als auch im nachhinein über sie in der Gruppe zu diskutieren.

Die Talkgäste selbst nehmen ihre Rolleneinteilung entweder gleichmütig hin, wenn sie, wie auch im vorliegenden Fall, für Äußerungen von Parteikollegen angegriffen werden und sich verteidigen und erklären müssen. Teilweise kann aber auch gesehen werden, dass sich die Gäste in der festen Rolle unwohl fühlen. So vermeidet Michael Buback, Sohn des ermordeten Generalbundesanwaltes, in der Sendung „Reißt Fischers Vergangenheit neue Gräben auf?" vom 21.01.2001 zunächst Stellungnahmen, die ihn als Opfer der Gewalt inszenieren. Erst im späteren Diskussionsverlauf akzeptiert er seine „Rolle" und leitet eine Äußerung ein mit den Worten „Wenn ich hier sitze, tue ich das ja wohl auch ein bisschen stellvertretend für die Opfer", eine Formulierung, die angesichts seiner kontinuierlichen Anrede und Darstellung von Christiansen als Opfer von terroristischer Gewalt untertrieben klingt. Ebenso schreibt Joseph von Westphalen in einer Kolumne über die Sendung, dass er noch heute froh sei, „dem Ruf der Christianschen Gästeeintreiber widerstanden zu haben". Es sei damals um Adel gegangen, dem er zwar angehöre, aber sich nicht zugehörig fühle und begründet seine Entscheidung mit der Befürchtung, nur eine Rolle in einem vorgeplanten Programm spielen zu müssen: „Ich wollte mich nicht vorführen lassen als aristokratischer Nestbeschmutzer, als der ich wahrscheinlich vorgesehen war" (von Westphalen 2000, S. 46).

Betrachtet man die Gästeauswahl bei „Sabine Christiansen" über einen längeren Zeitraum, so fällt auf, dass die von der Interpretationsgruppe bemängelte Nichtpräsenz von wirklich Betroffenen nicht die Ausnahme, sondern die Regel ist. „Nicht Experten oder sachkundige Laien kommen hier hauptsächlich zu Wort, sondern ‚Repräsentanten' und ‚Advokaten'", schreibt Andreas Dörner über die Sendung „Sabine Christiansen" in seinem Buch „Politainment" und folgert, dass daher nicht „die zwanglose Rationalität des besseren Arguments, sondern die strategisch formulierten Statements von PR-Profis [...] den Diskurs [beherrschen]" (a.a.O., S.139). Von den insgesamt 268 Gästen der Sendungen im Jahr 1999 seien 158, also mehr als zwei Drittel professionelle politische Akteure gewesen. Danach folgten mit deutlichem Abstand Vertreter von Verbänden und Kirchen (32), 19 Experten, meist Professoren und 18 hochkarätige Wirtschaftsunternehmer und Manager. Dörner bemerkt, es sei ein interessantes Phänomen, dass bei Christiansens Sachdebatten 15-mal Vertreter der Showprominenz wie Udo Jürgens oder Thomas Gottschalk dabei seien und deutet dies als einen weiteren Hinweis auf „die weitgehende Interpenetration von Politik und Unterhaltung" (a.a.O., S. 141). Auffällig ist darüber hinaus, dass in der Regel nur eine Frau zur Diskussion eingeladen ist. Zwar sind mit steigendem Anteil Frauen in Ministerposten und Parteiämtern auch automatisch mehr Frauen bei „Sabine Christiansen" anwesend, die Spitzenpolitik verkörpern, mehrere Frauen sind dennoch nur zu bestimmten Themen eingeladen, die sich verstärkt um den Moral- und Werteverfall in der Gesellschaft drehen. So werden die möglichen Perspektiven auf ein Thema oder Problem auf eine kleine Gruppe politischer und öffentlicher Prominenz eingeschränkt, was im Falle der hier diskutierten Sendung eklatant auffällt, da relativierende Perspektiven von EinwanderInnen oder anderen Betroffenen beispielsweise die klischeehafte Darstellung des Integrationsproblems hätten

in Frage stellen können. Christiansen präsentiert also nur sehr einge-
schränkte Blickwinkel auf ihre Diskussionsthemen.

Das Gefühl der Interpretationsgruppe, dass sich aber letztlich doch alle irgendwie einig seien, und man sich frage, wo eigentlich die Meinungsver-
schiedenheiten tatsächlich seien, könnte sowohl auf der übertriebenen Darstellung und Fixierung auf Konflikte zwischen den Parteien liegen, aber
auch darauf, was Ulrich Köpf in einer Untersuchung zu kommunikativen
Strategien von Politikern in Fernsehdiskussionen beschreibt. Er kommt zu
dem Schluss, dass das Unbehagen und Misstrauen, das sich bei solchen
Sendungen einstelle, auf ein „ständig praktiziertes und gleichzeitig ver-
schleiertes Doppelspiel der Politiker" zurückzuführen sei. Dieses beruhe
auf dem Anschein, eine aufklärerische Diskussion im Rahmen der Meinungsbildung innerhalb der Demokratie zu präsentieren, in dem sie so tä-
ten, die „gängigen kommunikativen Prinzipien" zu befolgen (Köpf 1989, S.
60). Dagegen zeigt Köpf anhand einer linguistischen Analyse einer Diskussion der Spitzenkandidaten zur Bundestagswahl 1980, dass das Gegenteil
der Fall ist. Das verschleiernde Doppelspiel sei dabei, was hier bei Rüttgers
und Goppel auch kritisiert wurde, dass einerseits gegen die Prinzipien ver-
stoßen und andererseits versucht werde, seine Gegner auf eben diese Prinzipien festzulegen. Köpf formuliert daraus folgernd einen Katalog strategi-
scher Maximen für PolitikerInnen. Die letzte „Regel" in seinem Katalog
lautet: „Vertraue darauf, dass keinem der Beteiligten an einer Offenlegung
des Spiels gelegen ist" (a.a.O., S. 62). Dies scheint sich in der Mutmaßung
der Interpretationsgruppe auszudrücken, nur einen Schaukampf gesehen zu
haben und nach dem „Spiel in der Sendung" würden „die sicher noch ein
Bier zusammen trinken gehen".

6. Die Moderation

Die Instanz der Moderation ist in jeder Diskussionssendung zentral, besonders wenn die Sendung selbst nach ihrer Moderatorin benannt ist. Sie erfüllt zum einen a) *strukturierende-inhaltliche Aufgaben*. Dazu zählt sowohl die Ausgewogenheit der angesprochenen Inhalte und der Redebeiträge als auch die Zielorientierung des Gesprächs. Das beinhaltet eine Reihe von machtvollen Privilegien gegenüber den GesprächsteilnehmerInnen, wie die Erteilung und Entziehung des Wortes oder die thematische Steuerung und Strukturierung des Gesprächs. Diese Strukturierung erfüllt gleichzeitig b) *zuschauerspezifische Aufgaben*, indem den ZuschauerInnen das Thema verständlich dargeboten wird. Ein weiterer Teil der zuschauerspezifischen Aufgaben besteht darin, das Interesse der ZuschauerInnen an der Sendung und Diskussion zu gewinnen. Dieses Interesse dann auch zu halten, zielt bereits auf die c) *senderspezifischen Aufgaben* der Moderation. Im Kampf um Einschaltquoten ist die Moderation angehalten, der Sendung Attraktivität zu verleihen, um längerfristige Zuschauerbindung zu erlangen. Darüber hinaus muss die Diskussion zeitlich und inhaltlich so strukturiert werden, dass der angestrebte logistische Rahmen des Senders erhalten bleibt. (Vgl. Böhm 1995, Meyer et al. 2000, S. 206ff)

Zur Darstellung und Diskussion der Moderation von Sabine Christiansen werde ich den chronologischen Verlauf der Diskussion beschreiben. Ich werde mich hierbei verstärkt auf die Beschreibung der Konfliktlinie zwischen Christiansen und Goppel, zum Teil auch Rüttgers konzentrieren, die besonders auffällig und interessant war. Die Beschreibungen basieren wie gehabt auf denen der Interpretationsgruppe. Die Szenen, auf die ich mich direkt in der Diskussion beziehe, werde ich besonders kennzeichnen und nummerieren.

6.1 Der Verlauf der Sendungsdiskussion

Nach der Präsentation des Themas durch die Eingangsmoderation und den Filmbeitrag sitzt Christiansen am Kopf der Talkrunde. Zu Goppels und Jungs Seite gerichtet kommentiert sie ihren eigenen Film, man müsse manchmal ein bisschen überzeichnen, und beginnt die erste Fragerunde zu Thomas Goppel gerichtet[17]. (Situation 1:) „Was ist denn da los? Woher kommt jetzt plötzlich dieser vielstimmige Chor in der CDU um die Führungsdebatte und all das? Stimmt man sich nicht mehr ab?", fragt sie mit souverän forderndem Blick, der Goppel nicht aus den Augen lässt. Sich ihrer Sache sicher sitzt sie in ihrem Stuhl und lehnt sich locker auf die eine Armlehne, die Beine übereinander geschlagen, so dass sie Goppel gelassen gegenübersitzt und seine Rechtfertigung erwartet. Er antwortet gleichfalls gelassen, er empfinde das alles nicht so dramatisch, wie sie das darstelle, jemand habe ein Thema artikuliert, das ungewöhnlich viele Menschen interessiere, so dass man es nicht tabuisieren dürfe, sondern führen müsse. Hier unterbricht Christiansen gezielt, dass ja eben nicht das Thema „Einwanderung" geführt wurde, sondern lediglich, ob „Einwanderung" ein Wahlkampfthema sein könne und zeichnet mit einer Geste ihren Punkt in die Luft. Goppel antwortet, Merz sei hier falsch interpretiert worden, jeder wisse, dass man das Thema nicht erst in zwei Jahren, also zum nächsten Bundestagswahlkampf lösen dürfe, sondern vorher. Mit gleicher Haltung und Selbstsicherheit fragt Christiansen daraufhin Jürgen Rüttgers auf der anderen Seite der Runde, dass die CDU seit seinem Slogan „Kinder statt Inder" (im nordrhein-westfälischen Wahlkampf 2000) inhaltlich ja noch nicht so viel weiter gekommen sei, und ob es ihn wundere, dass man nun erst einmal grundsätzlich diskutiere, ob es überhaupt ein Wahlkampfthema sein solle. Rüttgers erklärt, dass Merz gerade das selbe passiere, wie ihm ein halbes Jahr zuvor, man höre nicht mehr zu, was eigentlich gesagt werde. Das sei eine typisch deutsche Diskussion, wozu Rüttgers als weiteres Beispiel nennt, dass in Christiansens letzter Sendung über den potentiellen

---

[17] In der Regel beginnt sie mit einer mehr oder weniger provozierenden Frage an die im Film angegriffene Partei.

Fußballbundestrainer Christoph Daum diskutiert wurde. Bei Christiansen sei er der Böse gewesen; nun, eine Woche später, sei es in der Medienlandschaft genau andersherum. Christiansen sieht man unterdessen eingeblendet. Ihr Gesicht ist, wie immer beim Zuhören, so gut wie regungslos. Hier wirkt sie leicht überrascht, etwas verkrampft und misstrauisch gegenüber Rüttgers' Gegenzug. Sie löst diese Spannung mit einem flaxigen Kommentar und kurzem Lachen und sitzt danach geradeaus gerichtet mit locker über die Lehnen hängenden Händen. Rüttgers führt gelassen weiter aus, dass die Deutschen nicht ausländerfeindlich seien, nur die Integration der – meist türkischen – Ausländer sei in vielen Fällen ein Problem. In der nächsten Frage an Rezzo Schlauch kommt Christiansen noch einmal auf die zunehmende rechtsradikale Gewalt und das eventuelle NPD-Verbot zu sprechen, in die eine solche Diskussion um Wahlkampfthemen treffe. Nach Schlauchs erwartungsgemäßer Antwort fragt sie Ute Vogt, es sei ja auch von der Regierung nicht so ganz richtig gewesen, das Thema erst in die nächste Legislaturperiode verschieben und nur mit der Greencard übertünchen zu wollen, und sich jetzt plötzlich zu beeilen und das Thema doch noch anzupacken. Bei der Frage an Ute Vogt nimmt Christiansen eine ähnliche „Vorwurfs"-Haltung ein wie bei Goppel und Rüttgers, mildert diese aber durch weniger Spannung im Körper ab. Dietmar Schönherr fragt Christiansen, wie man ein solches Klima in der Bevölkerung ändern könne und nimmt die gleiche Haltung ein wie bei Schlauch zuvor. Schlauch und Schönherr sitzen beide direkt an ihrer Seite. Sie lehnt sich mit einem Arm auf die jeweilige Stuhllehne zu ihnen, während sich beide jeweils mit einer ähnlichen Haltung zu ihr wenden. Bei Schönherrs pathetischem Ausführungen, in denen er engagiert versucht mitzureißen und stark gestikuliert, sieht man Christiansen anders als in ihrer Frage von ihm weggewandt, aufrecht sitzen. Ihr Gesichtsausdruck ist steif und distanziert, wie eine Maske. In der Interpretationsgruppe fragt man sich, ob sie überhaupt zuhört oder ob sie schon an ihre nächste Frage denke. Nachdem sie den Applaus für Schönherr gönnend abgewartet hat, fragt sie den letzten in der Runde Volker Jung, wie sehr wir gegenüber dem Ausland durch Fremdenfeindlichkeit verlieren, wie dringend also das Problem für die kleinen und großen Unternehmen sei. An Jungs Beteuern, dass unser Land die besten Köpfe der Welt brauche, schließt Christiansen ihre nächste Frage an. Sie sitzt nach vorne gebeugt, stützt sich auf ihre verschränkten Beine und blickt, während sie spricht, auf den Boden, nur ihre leicht zusammengerollten Blätter in der Hand zeigen in Goppels Richtung. Sie beginnt mit den Worten, man habe nun in der letzten Woche zwei Begriffe gehört, wer hier her komme, solle sich an unsere Hausordnung halten, Goppel korrigiert sie „an das Grundgesetz, das unsere Hausordnung ist, und das stimmt auch!" Christiansen richtet sich während dessen auf, hört leicht irritiert dem Kommentar zu und nennt ihn kurz akzeptabel, was Goppels Gesichtsausdruck selbstzufrieden triumphieren lässt. In ihrer Vorwurfsfragehaltung, die sie durch das Aufstützen eines Armes auf der Stuhllehne erweitert, so dass ihr Ellebogen fest, aggressiv und schützend in Goppels Richtung zeigt, fragt sie weiter, ob solche Begriffe nicht fatal seien, in einer Stimmung, in der die Bevölkerung mehrheitlich sagt, man wolle nicht mehr Zuwanderung. Sie referiert hierzu auch eine eigene Internetumfrage, und fragt mit zu beiden Seiten geöffneten Armen: „Wie empfinden Sie diesen Begriff, können Sie dem zustimmen, was damit anfangen?" (Situation 2:) Goppel, der ihr nach vorne gelehnt zuhörte und dabei bedrohlich über den oberen Rand seiner Brille blickte, sagte daraufhin, dass man mal ein paar grundlegende Dinge klären müsse. Die Mehrzahl der Äußerungen der letzten Woche, seien provoziert von Nachfragen durch Christiansens Kollegen, worauf sich Christiansen beleidigt und angegriffen aufrichtet und schnippisch entgegnet: „Wir dürfen doch fragen". Goppels weitere Ausführungen in die gleiche Richtung, verteidigt Christiansen mit einem weiteren Kommentar, der diesmal sicherer und mit überlegen gerunzelter Stirn ihre Berufsgruppe verteidigt. Wenig später geht sie provozierend mit der Frage „Finden Sie ihn gut [den Begriff B.S.]?" zwischen Goppels Ausführungen und lehnt sich schließlich entnervt in den Stuhl zurück. Nach Goppels abschließender Darstellung, Merz habe eine lockere Wortwahl gehabt, ein Fehler, den alle in jungen Jahren machten, schaut Christiansen verärgert zur anderen Seite und bestätigt nickend Vogt das Wort, die bereits begann Goppel zu wiedersprechen. Mit genervt arrogantem Blick wartet Goppel Vogts anschließenden Applaus ab, um „Frau Kollegin Vogt" darauf hinzuweisen, dass Merz nicht da sei, so dass er sich nicht rechtfertigen könne. So solle man doch in dieser Runde über das reden, was da sei. Z.B. über die von Jung genannten „dramatisch falschen Zahlen..." In diesen Themenwechsel schreitet Christiansen sogleich ein und stoppt Goppels Redeansatz mit ausgestrecktem Arm, den sie mit dem gerollten Papier verlängert und Goppel schon beinahe berührt. Die barsche Unterbrechung begründet sie zunächst mit den Worten: „Wir diskutieren erst noch über den Begriff ‚deutsche Leitkultur', der ja doch zu vielen Missverständnissen führt" und damit dass sich Rüttgers noch vorher gemeldet habe. Nach Goppels Einlenken gestikuliert sie weiter mit dem Papier zwischen Jung und Goppel, dass man später über richtige oder falsche Zahlen diskutieren könne, schaut dabei ungläubig grinsend zu Goppel und erteilt dann mit der Papierrolle Rüttgers das Wort. Dieser beginnt auch zunächst mit Gegenargumenten zum Beitrag von „Frau Kollegin Vogt" und führt aus, dass Deutschland ein weltoffenes Land sei. Christiansens versucht zweimal in seinem längeren Beitrag mit Einwürfen auf den Begriff „Leitkultur" zurückzukommen, was Rüttgers schließlich nutzt, um zu argumentieren, dass es keine funktionierende multikulturelle Gesellschaft gäbe. Christiansen sieht gegen Ende seiner Ausführungen in einer kurzen Einblendung leicht abgeschlagen und Zähne zusammenbeißend aus und gibt nahtlos Schlauch das Wort. Schlauch versucht darzustellen, was den Begriff „deutsche Leitkultur" problematisch mache, und wird dabei von Goppel und Rüttgers abwechselnd unterbrochen, so dass er kaum seine Gedanken formulieren kann. Dadurch baut sich eine fast unerträgliche Anspannung auf, die sich bei den aufzählenden Fragen Schlauchs, was deutsche Leitkultur bei Musik oder beim Essen sei, mit dem ironischen Kommentar „Pizza!" entspannt. Die Talkgäste lachen, im Publikum wird spontan geklatscht und gelacht. Sehr wahrscheinlich kam der Kommentar von Christiansen selbst, die man dabei oder danach allerdings nicht sehen konnte. Während Schlauch fortfährt, sind Rüttgers und Goppel zunächst ein wenig verhaltener, setzen dann aber ihr Ping-Pong Spiel fort. Ein Redeansatz Rüttgers geht in Schlauchs Applaus und Christiansens nächster Frage unter. Mit verschränkten Beinen und ihrer Ellebogenhaltung, die sie nur für eine starke klare Gesten unterbricht, schiebt sie Jung in die Feuerlinie, wie es die Interpretationsgruppe formulierte. „Herr Jung! Was kann damit noch ein junger, hochspezialisierter Computerfachmann anfangen, wie kommt das bei dem an, wenn er draußen hört, dass..." Sie verschluckt sich fast, als sie mit ironischem Lachen andeutet, wie absurd diese Diskussion ist. Jung antwortet erwartungsgemäß, dass ein junger Spezialist diese Diskussion um Begriffe gar nicht kennt, die ihn als Vertreter der Wirtschaft auch störe. Letztlich sei aber der Begriff vielleicht etwas unglücklich, inhaltlich aber gar nicht so verkehrt. Auch Schönherr, der direkt daran das Wort bekommt, nimmt Merz in Schutz. Er habe sich vielleicht nur in einem Wort vergriffen, „das uns scheußlich vorkommt", aber natürlich sollten Einwanderer beispielsweise deutsch lernen, „damit wir mit ihnen reden können". Christiansen wirkt bei einer Einblendung gegen Ende von Schönherrs Statement abgeschlagen und leicht in sich zusammengesunken, was sie mit einer steifen Körperhaltung auszugleichen versucht.

(Situation 3:) Gleichzeitig mit Goppels Zusatz „Damit sie mit uns reden können!" resümiert sie – ironischerweise – „Da hätten wir ja mal einen Annäherungskurs, mit der Sprache sind alle d'accord" und mit gerader aufrechter Haltung, beide Seiten verbindenden Gesten und Rüttgers stets im Blick fährt sie mit einem neuen Aspekt fort. „Dann kommen wir zu den Unterschieden. Unter der alten Regierung ist nichts passiert, man wollte nicht richtig dran, die neue wollte es auch auf die lange Bank schieben, ich sagte es ja schon. Und man sollte doch, wenn man die Wirtschaft hört, lieber heute als morgen dieses Problem von Grund auf regeln." Ruhig und die Situation im Griff fragt sie, wo denn jetzt die wirklich konkreten Vorschläge und Unterschiede in den beiden Kommissionen liegen. Der Hauptunterschied sei ja die Verknüpfung mit dem Asylrecht, die CDU wolle dies unbedingt, SPD und Grüne nicht. Kurz deutet sie eine Redefolge dazu an, bei der Rüttgers beginnen soll. Dieser nutzt die ruhige Situation, die wie eine Verschnaufpause in der Diskussionsrunde wirkt, um fast drei Minuten ohne eine Unterbrechung mit mehreren Beispielen die Probleme bei der Integration der hier lebenden Türken zu beschreiben und folgert knapp, das man bei der Zuwanderung zu anderen Lösungen kommen muss. Etwas unmotiviert, es sei ja gerade die Frage, zu welchen Lösungen man kommen wolle, gibt Christiansen das Wort weiter an Schlauch, der sein Modell der drei Säulen vorstellt und schließlich feststellt, dass es in den letzten Jahren mehr

Aus- als Einwanderung gab. Christiansen stützte bei seinen letzten Sätzen ihren Ellebogen auf die Stuhllehne und setzte ihr Kinn auf ihren Zeigefinger, mit dem sie dann Schlauch unterbricht, um ihre Frage weiterzugeben, es gehe ja um die Frage, wer letztendlich kommen solle. (Situation 4:) Christiansen beginnt nach vorne gebeugt und auf den Boden schauend, dass Herr Beckstein, der bayerische Innenminister, gesagt habe, es gehe um die, die hier reinkommen und uns nützen und nicht um die, die uns ausnutzen. Dies sagt sie mit abgehackter, klarer Betonung, beugt dabei ihren Oberkörper nach vorne und schwenkt wieder zurück, klatscht die Hände zusammen und blickt zum Schluss mit einem sicheren, unschuldigen, aber auch herausfordernden Augenaufschlag von unten zu Goppel. Dieser setzt sich nach vorne auf die Stuhlkante und zeigt mit seinem Zeigefinger auf sie und stellt fest: „Wir haben ja gesagt, wir reden nicht über Formulierungen, die Dritte wählen, die heute Abend nicht hier sind..." Christiansen fährt mit dem Oberkörper zurück, rückt sich die Jacke zurecht und verteidigt sich trotzig: „Doch, ich finde, man muss auch das ins Feld führen..." und nickt beleidigt Schlauch zu, der ihr Schützenhilfe gibt, wie es die Interpretationsgruppe formulierte: „Sie haben mich vorher auch verantwortlich gemacht für einen Parteifreund...!". Goppel spielt mit der Aufruhr der beiden, faltet die Hände und sagt selbstsicher: „Ich nehme es ja auf, wenn Sie mich lassen!" und setzt mit seinen Ausführungen zum islamischen Frauenbild fort, das dem deutschen Grundgesetz widerspreche. Während er redet werden wie beschrieben verschiedenste Frauen aus dem Publikum, Ute Vogt und auch Sabine Christiansen eingeblendet. Christiansen sitzt auf die Lehne gestützt, schaut versteinert, nervös und verachtend an Goppel auf und ab und wartet verbissen und unsicher ab, was er sagt. Nach seinen Ausführungen zur Frauenbewegung schließt er direkt seinen Rundumschlag an. Mit den Worten „Und Frau Christiansen, das möchte ich schon auch noch mal sagen..." behält er sich das Wort, während Christiansen passiv in einer Ecke ihres Stuhles abgestützt sitzt, mit einer Hand in Goppels Richtung tatenlos und abgeschlagen über der Lehne hängend. Auch während des Rundumschlages sieht man sie einmal eingeblendet, wie sie ängstlich, schlaff und verachtend Goppel gewähren lässt. Bemüht gelassen tut sie in Goppels Applaus seine Ausführungen als den alten Streit zwischen Wirtschaft und Politik ab und kommt auf Schönherrs Stichwort zurück, die Parteien sollten sich hier doch parteiübergreifend des Themas annehmen, was Schönherr gleich gerne aufnimmt und sagt, es sei schon wieder alles parteizänkisch. Goppel kommt hier den beiden sofort dazwischen und bestreitet dies entschieden. Christiansen sitzt vollkommen zu Schönherr gewandt, womit sie Goppel den Rücken zudreht. Auch während Goppels Kommentar bewegt sie sich nicht zu ihm, sondern bleibt auf Schönherr fixiert, der sich allerdings von einer weiteren Zwischenbemerkung Goppels mit Applaus unterbrechen lässt. (Situation 5:) Christiansen versucht nach vorne gebeugt einen neuen Ansatz, den diesmal Schönherr unterbricht. Dieser suchte noch in Gedanken nach einer Antwort und bemerkte scheinbar fast nicht, dass sie redet. Er beginnt zu reden, entschuldigt sich dann höflich für die Unterbrechung und führt seinen Gedanken weiter aus. Christiansen überlässt ihm sofort bereitwillig das Wort. Schönherr versöhnt, dass Fehler auf allen Seiten gemacht worden seien, nun solle es aber doch um die Zukunft gehen. Goppel antwortet noch kurz mit einem zufriedenen, lockeren Kommentar, während Christiansen routiniert gelassen eine neue Frage formuliert, dass der Politik die Zeit ein bisschen weglaufe, wenn man es aus dem Wahlkampf lassen und inhaltlich noch auf die Beine kommen wolle. „Wird es sich an dieser Asylrechtsfrage bei beiden auseinander dividieren oder wird man trotzdem zueinander kommen?" Hierauf antwort Vogt mit einem langen Beitrag und wird von Goppel und Rüttgers häufig unterbrochen. Rüttgers erobert sich so das anschließende Wort. Christiansen hört mit leicht schiefem Kopf, eher passiv zu. Erst nach Rüttgers Ausführungen setzt sie sich wieder mit einem Ellebogen – diesmal nur leicht angewinkelt in ihre Fragestellung und schaut während ihrer Frage überlegend auf dem Boden hin und her. Merz habe ausgerechnet von den Republikanern Applaus bekommen, man habe erlebt, was in Österreich passiert sei, wenn die Dinge nicht angepackt werden. Weit nach vorne gebeugt mit verschränkten Armen und Beinen blickt sie von unten zu Goppel und fragt mit provozierender Stimme, ob es zum Wahlkampfthema wird, wenn sich die Parteien innerhalb eines Jahres nicht verständigen. Gerade für die rechten Parteien sei es dann hervorragend geeignet. Goppel saß unterdessen auf seiner Stuhlkante bedrohlich weit zu ihr hingebeugt, den Ellebogen stark und fest aufgestellt. Er setzte sich dann wieder etwas zurück, blieb aber nach vorne gelehnt, so dass sich sein Kopf fast mit Christiansens traf. Er argumentiert dann, dass es zu einem Wahlkampfthema wird, weil die Bevölkerung Regelungen fordert und nicht länger zuschaut, wie man über Begriffe streitet. Mit Bayern als Beispiel, erzählt er u.a., dass „der Fremde" dort kein abwertender Begriff sei. Selbstsicher und überlegen ergänzt er mit dem Zeigefinger auf Christiansen und Schlauch zeigend „Ich sag's gleich, bevor's jemand für was Unangenehmes hält!". Anschließend scherzen Rüttgers und Goppel über Preußen, die in Bayern leben, was Christiansen kurz, leicht trotzig kommentiert. (Situation 6:) Goppel kommt darauf auf einen Vorwurf einer SPD-Politikerin zu sprechen und echauffiert sich, so dass Christiansen zwei Versuche benötigt, ihn an die eigentliche Frage zu erinnern. Beim zweiten Mal lehnt sie sich entschieden nach vorne und gestikuliert erneut ihren Punkt in der Luft. Goppel versucht, dazwischen zu kommen und an seinem Punkt weiterzumachen, Christiansen setzt sich durch und kann ihre Frage wiederholen, ob die rechten Parteien profitierten. Sie schaut ihm zwar direkt, aber doch leicht unsicher in die Augen. Goppel antwortet mit noch immer echauffierter Stimme, dass man sich auf ein Konzept zur Integration einigen müsse, und fährt nach einem kurzen, schnell aufgegebenen Frageversuch Christiansens, mit seinem Argument fort, im seinem Haus sei noch viel Platz, aber nicht für alle 6 Mill. Menschen der Welt. Christiansen schaut derweil abgeschlagen zu Goppel und wirkt müde. Vogt ergreift nach Goppel nahtlos das Wort. Nach ihren Ausführungen beginnt Christiansen gleichzeitig mit Goppel, der Vogt kommentiert, eine Frage für eine Schlussrunde zu stellen. Verärgert und genervt wartet sie, bis Goppel ruhig ist, und zieht dabei das Wort „Schlussrunde" betont in die Länge. Zum einen gehe es sicherlich um die gesetzlichen Regelungen und Bestimmungen, aber wie kriege man es in die Köpfe, „wie kriegen wir ein Bewusstsein geändert?" Mit großen starken Gesten blickt sie wieder aufgemuntert in die Runde und beschreibt, dass man trotz jahrelanger „white leading policy" bei der Olympiade ein so multikulturelles Australien erlebt habe. „Wir wollen Ausländer auch gerne hier reinholen, wir begrüßen sie freundlich und finden es schön, dass sie kommen... aber wie bekommen wir das hin?", fragt sie schließlich in Schönherrs Richtung und setzt etwas unbeholfen lachend hinzu „Sie sind so oft selber Ausländer... in Nicaragua, in...!" Es sei ein unglaublich schwieriges Problem, versucht Schönherr zu antworten und schwenkt wenig später auf den Hinweis, dass im Ausland solche deutschen Debatten um Leitkultur etc. immer sofort mit Auschwitz assoziiert werden. Goppel springt von der Stuhlkante aus in Schönherrs Ausführungen und bestreitet dessen und Christiansens These, dass Integration ein schwieriges Problem sei. Christiansen verteidigt sich erneut trotzig und irritiert und wird dabei ein wenig von Schlauch unterstützt, während Goppel die Integrationsleistungen Bayerns nach dem Krieg und der letzten Jahre lobt. (Situation 7:) Erneut versucht Christiansen nach einer Weile ergänzend dazwischen zu kommen, lässt zunächst ab, behält aber ihren Arm in der Luft, mit dem sie Goppel unterbrechen wollte, um wenig später mit der Hand einen klaren Schnitt zu gestikulieren und deutlich und bestimmt Goppel unterbricht. „Herr Jung! Jetzt will ich gerne Sie nochmal dazu hören, zu dem, was ich gerade gefragt habe!" fragt sie und rückt ihre Jacke zurecht, während Goppel sich gelassen zurücklehnt. Nach Jungs Ausführungen gibt Christiansen leicht grinsend und erleichtert das Wort an Schlauch „Also, Einwanderung, kein Tabu-Thema? 10 Sekunden haben wir noch! Sondern gehört sofort auf die Tagesordnung..." Schlauch greift noch einmal Rüttgers und Goppel an und fordert die Legalisierung der illegal in Deutschland lebenden Menschen. Goppels Kommentar dazu unterbricht Christiansen bestimmt mit einer klaren abschließenden Geste, und beendet die Diskussion mit dem Hinweis, dass wir in den nächsten Monaten sehen werden, wie wir „Einwanderung" nicht mehr zum Tabu-Thema machen. Sie blickt in die Runde, ins Publikum und in die Kamera und lächelt erleichtert: „Ich darf mich ganz herzlich erstmal für heute Abend bedanken, für die Diskussion, für Ihr Interesse und für die rege Beteiligung im Internet und per Post und Telefon, also den herkömmlichen Mitteln. [Sie lacht ein wenig] Das heißt, das Thema und das Interesse am Thema ist sehr groß, auch bei Ihnen, liebe Zuschauer. Ich darf mich nochmals bedanken und wünsche Ihnen eine gute Woche und bis zum kommenden Sonntag! Auf Wiedersehen!"

Die Titelmusik beginnt, die Kamera schwenkt über die nun leicht miteinander plaudernden Gäste und das Studio, am unteren Bildrand läuft schnell der Abspann. Die Kamera führt den Blick an der Runde vorbei aus dem Studio hinaus. Schließlich sieht man die nächtliche Studiokuppel und die Gedächtniskirche.

6.2 Allgemeine Assoziationen der Interpretationsgruppe

In der Interpretationsgruppe wurden mehrere Aspekte des Sendungsverlaufes und der Moderation diskutiert, die, wie bereits in den ersten sechs Minuten diskutiert wurde, zwischen den Polen Information und Unterhaltung schwankten. Christiansen und ihre Show wirkten einerseits trotz inhaltlichem Durcheinander und aufgehetzter Atmosphäre im großen und ganzen seriös. Andererseits sei bereits am Namen der Sendung sichtbar, dass Christiansen sich selbst und eine Show inszeniere, während der Inhalt in den Hintergrund trete.

Zunächst war die Gruppe mit Christiansens Aussehen beschäftigt. Während der Interpretationen unterschiedlicher Sendungen war immer wieder auffällig, dass die Männer der Gruppen entweder sagten, sie spiele als Person gar keine Rolle oder aber negativ und aggressiv auf Christiansen reagierten. In dieser Sendung war „aufgeputzte Vogelscheuche" eine männliche Assoziation. Die Frauen der Gruppe waren dagegen sehr stark mit ihr als Person und Frau beschäftigt, worauf ich in der Zusammenfassung genauer eingehen werde. Hier, bei dieser Sendung machten sich die Frauen der Gruppe viele Gedanken zur Kombination ihres hellen krem-farbigen Blazers mit der schwarzen Hose und zu ihrer Frisur. All dies habe lange davon abgehalten, ihr zuzuhören und dem Inhalt der Sendung zu folgen. Ebenso beschäftigte ihr Verhalten, ihre Mimik und Gestik während der Diskussion. Einerseits wurde sie als sehr streng, kontrolliert und emotionslos beschrieben. Ihr Gesicht bewege sich nie, es sei oft starr und leblos wie eine Maske, ihre Haltung mit verschränkten Beinen und zum Teil verschränkten Armen wirke sehr verschlossen und steif, was oft durch ihr Skript in den Händen verstärkt werde und wie eine schützende, ausschließende Front wirke. Bis zum Schluss versuche sie Haltung zu bewahren, selbst in dieser Sendung, in der sie große Schwierigkeiten habe, sich und ihre Rolle als Moderatorin durchzusetzen. Andere Haltungen wie die bei ihren vorwurfsvollen Fragen wirkten streng, überlegen und selbstsicher. Sie strahle Macht und Dominanz aus, die beängstigend wirke. Der aufgestellte Ellebogen wurde als aggressiv wahrgenommen. Die Gruppe assoziierte, dass sie wohl jede Gefühlsregung vermeide und von Grund auf abschirme. Besonders eine Frau in der Gruppe betonte regelmäßig, dass Christiansen nie lächeln würde. In dieser Sendung lächle sie lediglich bei ihren Schlussworten, und da wohl nur, weil sie nicht mehr gewusst habe, was sie sagen solle. Trotz aller Härte und Strenge wirkte sie auf die Gruppe gleichzeitig auch unsicher und harmlos, wie ein Hund, der zu laut belle. Sie tue niemandem in ihrer Runde etwas, letztlich könne doch jeder sagen und machen, was er/sie wolle. Zum Teil wurde die Erklärung für diese Kombination in ihrer Mimik gesucht. Schon im Vorspann sehe man sie mit einem leicht von unten kommenden Blick und mit schräger Kopfhaltung. In der Regel wirke eine solche Haltung verführerisch feminin. Christiansen verbinde dies aber mit einem herausfordernden Blick, in dem eine gewisse kontrollierende Strenge liege, die mit ihren betonenden, kraftvollen Gesten unterstrichen werde.

Zum Verlauf der Sendung wurden in der Gruppe unterschiedliche Einschätzungen geäußert. Zum einen sei positiv im Vergleich zu Christiansens Anfangszeit aufgefallen, dass sie in der Diskussion präsenter gewesen sei, z.B. in dem sie Goppels Beiträge zu lenken versucht und generell klarer strukturiert habe. Eine andere Einschätzung war, Christiansen sei sehr still gewesen, was zeige, dass die Diskussion scheinbar gut verlaufen sei. Auffällig sei gewesen, dass Christiansen lange daran festgehalten habe, Stellungnahmen zum Begriff „deutsche Leitkultur" zu bekommen. Teilweise wurde vermutet, sie habe wohl ein festes, eher zu festes Konzept. Andere vermuteten, dass sie eine Diskussion um den Begriff forciert habe, um dann mit Hilfe des „neutralen" Vertreters der Wirtschaft die Politik als handlungsunfähig darzustellen. Schließlich habe sie nach ca. 20 von 54 Diskussionsminuten Jung sehr suggestiv gefragt, was ein junger ausländischer

Computerspezialist von so einer Diskussion halte. Ihr Lachen in der Frage wurde als Unterstützung der Suggestion, es handle sich um eine absurde Begriffsdiskussion, gedeutet. Diese Frage habe nicht nur unseriös gewirkt, weil sie unklar formuliert war und offen blieb, sondern sie habe geärgert, weil sie auf dem Bild aufbaue, dass junge intelligente Ausländer an deutschen Grenzen stehen und herablassend auf Deutschland schauen, da unsere Politiker in Belanglosigkeiten verstritten Zeit verschwendeten. Christiansen suggeriere hier, man müsse sich schämen, weil selbst Ausländer wegen unserer PolitikerInnen über uns lachen können. Eine andere Sichtweise auf diese Situation war, dass der Begriff an sich viele Interpretationen ermögliche, die sie zunächst versuche herauszuarbeiten, um dann eine Sicht von außen zu bekommen.

Besonders intensiv wurde der Konflikt zwischen Christiansen und Goppel diskutiert. Auf Grund der negativen Bewertung von Goppel wurde positiv erwähnt, dass Christiansen ihn zu unterbrechen versucht und sich – zumindest anfangs – gegen ihn durchsetzen könne, was ihr aber im Verlauf der Sendung zunehmend schwerer gefallen sei. Beide hätten sich ständig angegriffen, wobei sich Goppel allerdings nicht von ihr habe aus dem Konzept bringen lassen. Besonders lange wurde die Situation 4 diskutiert, die als endgültiges Einknicken Christiansens gedeutet wurde. Während sie in ihrer Fragestellung noch einmal versucht habe, Souveränität zurückzugewinnen, verweist sie Goppel mit der scharfen Dominanzgeste seines Zeigefingers „auf ihren Platz zurück". Ihr Platz ist aber scheinbar nicht der der Moderation, denn verbal übernimmt er Moderationsfunktionen, in dem er seine aufgestellten Regeln für alle geltend macht: „Wir haben ja gesagt, wir wollen nicht über Dritte reden, die nicht anwesend sind". Christiansen kommentiert dies zwar, lässt Goppel aber in so fern gewähren als sie sich trotz seines Übergriff rechtfertigt: „Doch ich finde schon, dass...". Darüber hinaus reagiert sie nicht mehr überlegen, sondern trotzig, wie ein kleines Mädchen und akzeptiert sofort sehr bereitwillig Schlauchs Schützenhilfe und lässt ihn die Situation für sie ausfechten. Schwierig für Christiansen sei wohl vor allem gewesen, dass Goppel für seine Ausführungen Applaus bekommen habe. Er habe sich damit noch weiter aufgeblasen und sich mit noch mehr Kommentaren in den Mittelpunkt gerückt, während sie mit weiteren direkteren Handlungen gegen ihn offensichtlich auch gegen Zuschauermeinungen gehandelt oder zu parteiisch gewirkt hätte. So habe sie ihn schließlich nicht einmal die letzten Sekunden ruhig bekommen können, so dass er Schlauchs Schlusswort kommentieren konnte und damit das letzte Wort gehabt habe. Im Gegensatz zum Kampf mit Goppel hatte die Gruppe teilweise das Gefühl, Christiansen verbünde sich mit Jung und Schönherr. Die Fragen an beide seien oft Themenwechsel oder implizite Kommentare gewesen, die Christiansen gezielt in Situationen eingesetzt habe, die für sie schwierig gewesen seien (vgl. Situationen 7). Andere sahen weniger Struktur in ihrer Frageabfolge. Sie würde eher situative Fragen stellen, die sich weniger aus dem Inhalt ergäben als vielmehr aus beliebigen Fäden, mit denen sie die Diskussionsstruktur spinne. Das mache sie letztlich sehr opportunistisch.

Generell wurde in den Gruppendiskussionen immer die Frage diskutiert, ob Christiansen eine eigene Meinung habe, die sie während der Sendung zu vertreten versuche, oder ob sie inhaltlich eigentlich kein Anliegen habe und ihr Ziel lediglich im Aufrechterhalten einer Spannung und Kontroverse bzw. der Inszenierung ihres eigenen Engagements bestehe. Für eine eigene Meinung sprechen ihre wertenden Aussagen, die sich bereits in der Eingangsmoderation, im Film und während der Diskussion in ihren Fragen zeigen. Die Möglichkeit, auch die eigene Meinung zu präsentieren, sei schließlich der Unterschied zwischen den Genres Nachrichtenmagazin und Talkshow, zwischen denen sie in ihrer Karriere bewusst gewechselt sei. Ihre Botschaft sei, dass der Begriff „deutsche Leitkultur" dumm und gefährlich gewesen sei. Die PolitikerInnen sollten anstelle einer Begriffsdiskussion lieber ihre „Hausaufgaben" machen und der Wirtschaft und damit der Bevölkerung bessere Handlungsmöglichkeiten geben. Christiansen könne in dieser Sendung diese Position nicht halten, so dass sie zwei Wochen später eine Diskussion zum gleichen Thema gemacht habe[18], in der die Position der Leitkulturbefürworter mit nur einer Person gegen fünf

---

[18] „Braucht Deutschland einen Aufstand der Anständigen?" am 5.11.2000.

Gegner deutlich schwächer vertreten worden sei, und damit die Diskussion erwartungsgemäßer verlaufen sei. Gegen eine klare eigene Meinung Christiansens spricht, dass sie die PolitikerInnen nicht in wirklich prekäre Situationen bringe, dafür frage sie zu oberflächlich und gäbe sich zu schnell mit rhetorischen Ausweichmanövern zufrieden. Man habe bei ihr das Gefühl, sie spiele einerseits eine neutrale Maklerin, die sich „heiße Themen" herausgreife, um einmal die Regierung, ein anderes Mal die Opposition, einzelne Unternehmen wie die Deutsche Bahn oder einzelne Personen an den Pranger zu stellen. Zu ihrer Rolle als Moderatorin und zur Form der Sendung gehöre dann eben auch, dass sie so tue als habe sie ein inhaltliches und aufklärerisches Anliegen. Das beinhalte, dass sie versuche, ein bisschen frech und herausfordernd zu fragen und streng zu schauen. Letztlich biete sie aber nur ein Forum zur Selbstdarstellung der PolitikerInnen und in dem Fall dieser Sendung ein Forum zur Rehabilitation der CDU und Verfestigung eines problematischen Begriffs. Ihre Anliegen seien daher lediglich opportunistisch, was sich sowohl in ihrer Themenwahl, die sich sehr stark nach den allgemeinen journalistischen Prioritäten der jeweiligen Woche richtete, als auch im Umgang mit dem Applaus der Zuschauer zeige. Ihr Zwischenruf „Pizza!" auf Schlauchs aufzählenden Fragen, was deutsche Leitkultur sei, wurde in der Gruppe nicht nur als ein Versuch gesehen, die zunehmende Übermacht Goppels und Rüttgers' auszugleichen, sondern auch mit einem scherzhaften Kommentar die schwindenden Sympathien des Publikums wieder auf sich zu ziehen.

Ihre verabschiedenden Worte wurden in der Gruppe ebenfalls in unterschiedlicher Weise gesehen und gedeutet. Zum Teil fand man sie abschließend zur eigenen Überraschung sympathisch und in gewisser Hinsicht nett, dass sie eine schöne Woche wünsche. Andere sahen eher, sie sei froh und erleichtert gewesen, dass diese wohl schwierige Sendung für sie zu Ende gewesen sei, was man auch daran sähe, dass sie sich in den wenigen Sätzen ungekonnt wiederhole und verspreche. Wieder andere sahen in ihrem abschließenden Kommentar, (wir würden in den nächsten Wochen sehen, ob und wie wir das Thema wirklich auf die Tagesordnungen setzen werden,) dass Christiansen bewusst sei, dass in ihrer Sendung eben nicht wirklich ernsthaft und inhaltlich diskutiert worden sei.

6.3 Zusammenfassende Diskussion der Moderation

Wie oben erwähnt, haben ModeratorInnen strukturierend-inhaltliche, zuschauer- und senderspezifische Aufgaben. Diese hängen stark in sich zusammen und bauen aufeinander auf, so dass ich sie nicht für sich, sondern mit Hilfe dreier Aspekte diskutieren werde. a) Ausgehend von Christiansens Moderation in der hier dargestellten Sendung vom 22.10.2000 werde ich ihre Rolle in ihrer Talkshow im allgemeinen diskutieren; zunächst im Zusammenhang mit b) der Inszenierung einer deutschen Öffentlichkeit, die ich „das deutsche Haus" nennen werde, dann c) in Bezug auf ihre Rolle als Frau im politischen Journalismus.

6.3.1 Christiansens Moderation am 22.10.2000

Bereits bei einer oberflächlichen Betrachtung der Sendung vom 22.10.2000 fällt auf, dass es Christiansen nicht gelingt, die Wortbeiträge und Redezeiten der einzelnen Gäste ausgewogen zu verteilen. Wie bereits kurz erwähnt, konnten Goppel und Rüttgers in knapp der Hälfte der Diskussionsminuten (24 von 55) die Position der CDU/CSU darstellen, während die Vertreter der Regierungsparteien nur ca. 13 Minuten reden. Diese Ungleichheit entsteht, obwohl Christiansen an alle Gäste ungefähr gleich viele Fragen stellt. Goppel bekommt vier Fragen gestellt, Rüttgers drei, Schlauch und Vogt ebenso, Schönherr ebenfalls vier und Jung drei. Die Ungleichheit entsteht also vor allem durch jene Wortbeiträge, die sich die Gäste eigenmächtig erobern konnten. Goppel bekam so über Christiansen hinweg drei weitere Male das Wort[19], Rüttgers einmal und Vogt ebenfalls einmal. Besonders Goppel setzt sich demnach über Christiansens Rolle, das Wort zu erteilen

---

[19] Als Wortbeitrag zähle ich nur solche Ausführungen, die mindestens 10 Sekunden lang sind, also keine Zwischenrufe oder Kommentare.

und zu entziehen, hinweg und untergräbt ihre Macht als Leiterin der Diskussion.

Diese deutliche Dominanz der CDU/CSU-Position wirkt sich auch auf den inhaltlichen Verlauf der Sendung aus. Legt man Christiansens Anliegen aus ihrer Eingangsmoderation und dem Filmbeitrag zu Grunde, so scheint es Rüttgers und Goppel gelungen zu sein, den Diskussionsinhalt zu ihren Gunsten zu wenden. Die Anschuldigung der Eingangsmoderation, die PolitikerInnen würden lange Debatten über Begriffe bevorzugen statt die wirklichen Probleme – wie die der Wirtschaft – anzupacken, wenden Rüttgers und Goppel dahin, dass sie selbst lediglich Wahrheiten und Selbstverständlichkeiten äußern würden, aus denen erst durch die Reaktionen der Regierungsparteien und JournalistInnen eine unnötige Debatte um Begriffe entstehe. Der Vorwurf des Filmes, dass die konservativen Wahlkämpfe in den letzten Jahren den zunehmenden Radikalismus in Deutschland mitverursacht haben, kann von Rüttgers und Goppel ebenfalls umgedreht werden. So seien nicht die Deutschen ausländerfeindlich, sondern die Probleme entstehen, weil sich die Ausländer nicht integrieren könnten. Diese Positionen können vor einem Millionenpublikum geäußert werden, ohne dass es Christiansen als Moderatorin gelingt, mit gezielten Fragen die Widersprüchlichkeit und Rhetorik aufzudecken und ohne anderen Talkgästen diese Möglichkeit durch Erteilung des Wortes einzuräumen. Zwar lastet auf Rüttgers und Goppel von Beginn an ein unvergleichbar größerer Rechtfertigungsdruck als auf Schlauch und Vogt, den Christiansen in ihren Fragestellungen fortschreibt, allein ihre Provokationen genügen in dieser Sendung aber nicht, um den geschickten Argumentationen zu begegnen. Ihre Hintergrundinformationen scheinen darüber hinaus entweder nicht ausreichend zu sein oder von ihr nicht eingesetzt zu werden. So erwähnt Christiansen nur am Rande in einer Frage das Beispiel Australien, so als ob sich die rassistischen Einstellungen und die „white leading policy", die Christiansen erwähnt, dort einfach so geändert hätten. Australien betreibt dagegen seit ungefähr 20 Jahren eine bewusste und breit gefächerte Politik zur Förderung und Akzeptanz der Multikultur. Dies hätte ein interessanter Hinweis sein können, dass sowohl politisch als auch gesellschaftlich Anstrengungen nötig sind, um tatsächlich Weltoffenheit zu erlangen.

In Kapitel 5.4 habe ich bereits diskutiert, dass schon die Auswahl der Gäste nur eine sehr beschränkte Sichtweise auf das Thema „Einwanderung" bietet, so dass die Ausgestaltung der inhaltlichen Diskussionsstruktur ebenso nur eingeschränkt möglich ist. Dennoch spricht Christiansen verschiedene Aspekte der laufenden politischen Debatte an, so z.B. die Wirkung eines Leitkulturbegriffs in der momentanen Stimmung und Situation in Deutschland, wo man ein NPD-Verbot vorbereite und die rechte Gewalt zunehme, außerdem, wie man das Bewusstsein in der Bevölkerung verändern könne, wie die Debatte nach außen wirke, wie groß der wirtschaftliche Bedarf sei und welche konkreten Vorschläge und Konzepte zur Regelung der Einwanderung vorlägen. Lediglich für die letzten beiden Aspekte waren die tatsächlichen Experten anwesend, nämlich VertreterInnen der verschiedenen Parteien und aus einer wesentlich betroffenen Wirtschaftsbranche. Offensichtlich sah Christiansen aber darüber hinaus Redebedarf über die komplexen Themen der gesellschaftlichen Auswirkungen, der Möglichkeit zur Bewusstseinsveränderung oder die Reaktion der EinwanderInnen oder AusländerInnen auf die Forderung zur Unterordnung unter eine deutsche Leitkultur. Hierzu wurde zwar im Laufe der Sendung Stellung bezogen, nicht aber von ExpertInnen oder Betroffenen. Dadurch eröffnet sich die Möglichkeit, über oberflächliche Rhetorik das Thema für parteipolitische Zwecke zu missbrauchen. Auch Christiansen kam in der Regel nicht oder viel zu schwach auf ihre Ausgangsfragen zurück, und akzeptierte dadurch die Ausweichmanöver der PolitikerInnen. Lediglich bei Goppel insistierte sie in einem Fall konstant und beharrte auf eine Antwort (Situation 6).

In den Gruppendiskussionen nach dieser Sendung herrschte Unklarheit, wie der Titel mit Christiansens Präsentation und der Diskussion zusammenhängt. So habe es bereits durch ihre Einführung ins Thema in den ersten sechs Minuten verschiedene Möglichkeiten des Verständnisses gegeben, was durch die unklare Diskussion weiter verwirrt habe. Man habe schließlich nicht gewusst, was das eigentliche Thema gewesen sei und was daher der Ausgangspunkt einer Gruppendiskussion sein könne. Im Sinne der Klärung und Strukturierung eines Themas hat die Sendung und Christiansen als Moderatorin also nicht beigetragen.

Weiter wurde in der Gruppendiskussion deutlich, dass Ergebnisse und Lösungen von der Sendung und ihrer Diskussion erwartet wurden. Dies wird nicht nur klar artikuliert, sondern spiegelt sich auch in der unbefriedigten und enttäuschten, aggressiven Stimmung nach dem Schauen der Sendung wieder. In der wissenschaftlichen Literatur dagegen wird explizit so gut wie nicht mehr erwähnt, dass ModeratorInnen eine Fernsehdiskussion ziel- und ergebnisorientiert gestalten sollten. Scheinbar hat man sich bereits mit der Erklärung abgefunden, das einzige Ziel liege lediglich in der Inszenierung von Gesprächen, die hauptsächlich der Selbstdarstellung der JournalistInnen und PolitikerInnen diene. Die Informationsarmut einzelner Talkshows wird dabei nur noch am Rande erwähnt (vgl. Meyer 2000, z.B. S. 219f). Die unzureichende Thematisierung des fehlenden Ziels und Ergebnis einer Fernsehdiskussion läuft Gefahr, vorschnell die einzelnen ModeratorInnen oder das Genre als solches pauschal als ungeschickt oder ungeeignet zu kritisieren. Denn das offen und schuldig gebliebene Ergebnis der Diskussion ist ein durchaus wichtiger Bestandteil einer regelmäßig stattfindenden Talkshow, die wie andere Serien im Fernsehen auch, mit verschiedenen Stilmitteln versuchen, die ZuschauerInnen zum weiteren Einschalten zu bewegen. So wird in jeder Sendung ein Spannungsbogen wie in Erzählungen aufgebaut (vgl. D. Prokop 1995, S. 400): Zu Beginn bietet Christiansen einführend eine bedrohliche Szenerie, die dann mit Personen besetzt in einem Spiel zwischen Spannung und Entspannung aufgeführt wird. Der Schluss bleibt offen, Christiansen verabschiedet sich mit dem Hinweis, dass „wir" sehen werden, wie das Thema „Einwanderung" in den nächsten Monaten nicht mehr zum „Tabu-Thema" gemacht werde. Christiansen deutet also eine Fortsetzung der Thematik an, die dann von ihr sicherlich wieder aufgegriffen werden wird. Die unbefriedigten ZuschauerInnen werden also mit der Verheißung beruhigt, dass es vielleicht nicht heute, aber irgendwann in der Zukunft eine Lösung für die aufgeworfenen Fragen geben wird.

Wichtig ist also festzuhalten, dass Christiansen es nicht schafft, die Diskussion zu strukturieren und thematisch eher verwirrt als zu einer inhaltlichen Klärung beizutragen. Wesentliche Aufgaben einer Moderatorin, die strukturierenden-inhaltlichen und zu weiten Teilen die zuschauerspezifischen, werden damit von ihr nicht erfüllt. Dagegen erfüllt sie die senderspezifischen Anforderungen an eine Moderatorin, in dem sie durch unterschiedliche Stilmittel versucht, ZuschauerInnen an ihre Sendung und damit an den Sender zu binden.

6.3.2 Die Inszenierung des „deutschen Hauses"

Neben den bereits angesprochenen, teils eher unseriösen Stilmitteln der Heraufbeschwörung von Emotionen durch Skandale und Bedrohungen, einer voyeuristischen Kameraführung oder den Aufbau eines Spannungsbogens, der nicht oder nur unbefriedigend aufgelöst wird, versucht Christiansen Interesse bei den ZuschauerInnen zu wecken, indem sie sie als Teil der gesellschaftlichen Öffentlichkeit anspricht. Jeden Sonntag wird das aktuelle „Thema der Woche" besprochen, das die ZuschauerInnen entweder persönlich oder als Teil der demokratisch-legitimierenden Öffentlichkeit betrifft. Bereits rein geografisch liegt das Studio der Sendung am Puls der deutschen Regierungs- und Parlamentsarbeit, gegenüber der Berliner Gedächtniskirche, im Herzen der deutschen Hauptstadt. Zu der inhaltlichen Inszenierung einer Bedrohung durch unzulängliche PolitikerInnen, die zu Beginn der Sendung von Christiansen dargestellt wird (vgl. Kapitel 3.5), kommen zwei weitere, sich bedingende Inszenierungen hinzu: die Inszenierung der Öffentlichkeit als ein homogenes Kollektiv und die Inszenierung von Christiansen selbst als Sprecherin dieses Kollektivs.

Die ZuschauerInnen und das Publikum im Studio werden stets durch den Gebrauch der kollektiven Personalpronomina „wir" oder „uns" angesprochen und mit in das Geschehen einbezogen. Dies geschieht teilweise bereits in den Titeln der Sendungen, wie „Frohes Fest! Wir stehen im Stau oder warten auf den Zug..." (10.12.2000), „Ausländer rein, sterben wir Deutschen sonst aus?" (22.04.01), „Sind wir ein Volk von Sozialschmarotzern?"

(06.05.01) oder wird ständig in Aussagen und Fragen von Christiansen[20] praktiziert. „Unsere Volkswirtschaft ist auf 100.000-ende von Einwanderern angewiesen.", „Wir haben im Moment eine Zunahme rechtsradikaler Gewalt, wir diskutieren über das NPD-Verbot und in diese Atmosphäre trifft nun die Frage, soll das zum Wahlkampfthema werden oder nicht.", „Wir haben jetzt ein multikulturelles Australien bei dieser Olympiade erlebt, das uns alle erstaunt hat." Diese Aussagen legen den ZuschauerInnen eine bestimmte Lesart der angesprochenen Probleme nahe, was David Morley „common-sense"-Präsentationsmodus genannt hat (zitiert nach Winter 1995, S. 92). Kollektivität, ein einheitliches Interesse und eine einheitliche Nation werden trotz räumlicher Getrenntheit von Millionen Menschen mit unterschiedlichsten Meinungen und Lebenserfahrungen suggeriert. Dieses Kollektiv wurde in der Interpretationsgruppe in Anlehnung an Goppels bildhafte Ausführungen „das deutsche Haus" genannt[21]. Die im „wir" angesprochenen ZuschauerInnen leben wie eine große Familie unter einem Dach. Familiäre Blutsverwandtschaft verbindet das Kollektiv. Im selben Haus lebend sind wir alle von den gleichen Problemen betroffen und müssen gemeinsam nach Lösungen suchen. Natürlich gibt es hier und da Unstimmigkeiten und Streit, so dass es innerhalb des Kollektivs durchaus unterschiedliche Gruppen gibt. Es gibt ein allgemeines „Wir". Das sind wir, die wir gerade bei „Sabine Christiansen" am häuslichen Ringen nach Lösungen für die ganze Familie beteiligt sind. „Wir" sind aufgeklärter als z.B. „die Bevölkerung" oder „die Menschen", denn denen muss erst noch erklärt werden, warum wir Einwanderung brauchen. Es hängt daher stark von der Stimmung in der Bevölkerung ab, wie Vogt es formuliert, wann ein Gesetz zur Einwanderung kommen kann und wann sie Vorschläge zur In-

---

[20] Auch die Talkgäste bedienen sich dieses Mittels, was an dieser Stelle aber nicht weiter diskutiert werden soll.

[21] Goppel beschrieb die Beschränkung bzw. Integration von Ausländern folgendermaßen: „In meinem Haus haben viele Platz, aber ich muss auch wissen, an welcher Stelle mir der Spezialist u.U. im Augenblick mehr dabei hilft, die ganzen Aufgaben zu erledigen als ein paar, denen ich von mir aus dann wieder alle Hilfe entgegen bringen kann" bzw. „Ihr seid herzlich willkommen, wenn ihr uns dabei helft, unser Haus zu bauen und wenn ihr dabei eure entsprechenden Identitäten einordnet, so dass sie gegenüber unseren keine besonderen Vorrechte verlangen."

tegration akzeptiert. Während die Bevölkerung selbst also eher dumm, naiv, aber gutmütig ist und alles akzeptiert, wenn „wir" es nur lange genug erklären, gibt es die schwarzen Schafe, die bösartig mit rechtsradikaler Gewalt alles kaputt machen, was von „uns" aufgeklärt ausgehandelt und beschlossen wurde. Die Typisierung in verschiedene, klar von einander getrennte Gruppen, deren Rollen stark bewertet sind, kann als eine typische Verschiebung eigener problematischer Anteile auf andere gesehen werden. Betrachtet man z.b. die höchst problematische Argumentationsweise, die während der Sendungsdiskussion ohne ausreichende Widerstände entwickelt werden konnte und das dahinter liegende deutsche Selbstbild (das sich auch im Bild der deutschen familiären Zusammengehörigkeit in einem Haus ausdrückt, in die fremde Einwanderer störend eindringen), so sind es offensichtlich nicht alleine die Rechtsradikalen, die ausländerfeindlich sind. Was „uns" von den Rechtsradikalen unterscheidet, ist lediglich, dass jene es offen, öffentlich und mit physischer Gewalt zeigen, während „Wir", der aufgeklärte, intelligente Teil der Bevölkerung, von mehr oder weniger gekonnten argumentativen Kunststücken in Diskussionen eingelullt werden und bereitwillig glauben, dass nicht „wir" das Problem sein können[22].

Zu der Inszenierung des deutschen Hauses gehört die Selbstdarstellung Christiansens als Sprecherin für das Kollektiv, die auf verschiedenen Ebenen stattfindet. Sie selbst ist grammatisch in dem von ihr gebrauchten „wir" miteingeschlossen, sie ergreift für uns das Wort, fragt unsere PolitikerInnen, verlangt Stellungnahmen und Rechtfertigungen von den VolksvertreterInnen und macht sich im selben Moment selbst zu einer. Es scheint, als thematisiere Christiansen endlich das, was sonst im Alltagsgeschäft der realitätsfernen Politik untergegangen wäre: Die Sorgen und Ängste des kleinen Mannes, der VerbraucherInnen, der WählerInnen, der AutofahrerInnen, ArbeitnehmerInnen... Die Beziehung zwischen ihr und den „richtigen" VolksvertreterInnen beschreibt Dieter Prokop als „Geschäft auf Gegensei-

---

[22] Ich vertiefe hier bewusst nicht eine Diskussion über mehr oder weniger gefährliche Sicht- und Verhaltensweisen, da m.E. beide Arten der Fremdenfeindlichkeit zwei Seiten einer Medaille sind.

tigkeit": „Der Fernsehjournalist inszeniert sich als volksverbunden. Er gestaltet mit seinen rüden Fragen das Thema ‚Wahrheitsfindung gegenüber den Mächtigen, denen das Volk, vertreten durch das Fernsehen, auf die Finger schaut'. Dafür daß sich der Journalist auf Kosten des Politikers als volksnah darstellen darf, muß er dem Politiker gestatten, hierauf mit der Selbstdarstellung von Seriosität und Sachkundigkeit zu reagieren. Nur so funktioniert das" (D. Prokop 1995, S. 397f). Wöchentlich ruft Christiansen so die Politiker und „Streithähne" der Woche zusammen und lässt sich berichten, was schief gelaufen ist. Mit der Strenge und kühlen Distanz einer Lehrerin rügt sie vor laufender Kamera diejenigen, die falsch gehandelt haben, ermahnt und ruft zur Ordnung, um abschließend zusammenzufassen, was in naher Zukunft getan werden muss, sozusagen die Hausaufgaben für die nächste Woche zu verteilen.

Legitimiert wird Sabine Christiansen durch den nahen Kontakt zur Volksbasis. Sie weiß über die Meinungen, Ängste und Nöte des Volkes wie eine treusorgende, immer ansprechbare Mutter bescheid. Sie macht Internetumfragen, lässt nach der Sendung im Chat weiterdiskutieren, seit 2001 sogar mit einem der Talkgäste und ist stets über alle „herkömmlichen Mittel – Internet und per Post und Telefon", wie sie in ihrer Verabschiedung sagt, zu erreichen. Auch ihr Studio symbolisiert Volksnähe. Die Glaskuppel des Studios ist ähnlich der des Reichstagsgebäudes. „Sabine Christiansen" fungiert als mediale Volksvertretung[23]. Während sie also die Politik als in sich selbst verstrickt und das Volk als verlassen und von der Politik vergessen darstellt (vgl. Kapitel 3.5), ist sie mit ihrer Sendung die Instanz, die Probleme ohne Umschweife anspricht und für ihre Klärung eintritt. „Für die Zuschauer am Apparat machen die immer gleichbleibend sachlich-freundlichen Gesichter der Moderatoren die immer neuen Katastrophen-

---

[23] Ähnlich ist auch die Gestaltung des Sendungslogos, das stets in der linken unteren Ecke des Bildes zu sehen ist. Es zeigt die Studioglaskuppel als Halbkugel in nachrichtenblau, die in der Mitte vom Sabine-Christiansen-Schriftzug abgeschlossen wird. Auf der Kugel drehen sich die Kontinentumrisse der Erde. Aus der Glaskuppel des Studios wird ein Globus, die Metallstäbe der Glaskonstruktion die Breiten- und Längengrade der Erde. Sabine Christiansen ist mitten drin.

Nachrichten erträglicher" (vgl. D. Prokop 1995, S. 415). Christiansen ist die vertraute Kontinuität im allwöchentlichen Geschäft des politischen Chaos', sie beruhigt, während sie gleichzeitig die Bedrohung inszeniert. Nur selten muss sie auch uns, ihre ZuschauerInnen, liebevoll rügen und ermahnen, wie z.B. am 18.3.2001: In ihrer Verabschiedung rief sie auf, in Baden-Württemberg und Rheinland-Pfalz nächsten Sonntag wählen zu gehen, „damit wir nicht wieder eine so geringe Wahlbeteiligung haben wie heute in Hessen" (bei der dortigen Kommunalwahl am 18.3.2001 gab es knapp 47 % NichtwählerInnen).

Die vereinnahmende Unterstellung einer einheitlichen Kollektivmeinung ist ein machtvolles Instrument, das Mikos (1994) „symbolische Gewalt" genannt hat. Legitimation werde in der Gesellschaft zunehmend in einem Kampf verschiedener Teilöffentlichkeiten um Bedeutungen hergestellt. „Der Kampf um politische und soziale Macht bzw. deren Legitimation zeigt sich daher in dem Versuch, die Individuen in den herrschenden Konsens der jeweiligen konkurrierenden Öffentlichkeiten einzubinden" (a.a.O., S. 16). In der Interpretationsgruppe wurde auf die übergreifenden „Wirs" von Christiansen teils wütend und entrüstet reagiert. Es sei anmaßend, dass sie glaube, für uns als einzelne Personen reden zu können. Man fühle sich von ihr für ihre Zwecke missbraucht und vereinnahmt. Interessant ist, dass sich diese Gefühle bei manchen erst in der Gruppendiskussion zeigten. Während des Sehens der Sendung hätte man sich eher einsam mit der eigenen, abweichenden Sichtweise und Meinung gefühlt. Problematisch sei gewesen, dass man sich nicht habe wehren und äußern können, nicht einmal über Applaus, wie es dem Studiopublikum wenigstens möglich gewesen sei. In diesen Empfindungen drückt sich wahrscheinlich eine faktisch erlebte Machtlosigkeit gegenüber großen politischen, medialen und ökonomischen Instanzen aus, die v. Arnim als Grund für Politikverdrossenheit verantwortlich macht (vgl. v. Arnim 1993). Die eigene persönliche, komplexe Meinung muss in der Regel in ein Abstimmungssystem gepresst werden, das oft nur zwei Möglichkeiten und damit nur eine grobe Richtung bietet: Ein- oder ausschalten, eine der großen Parteien wählen oder nicht, applaudieren oder nicht. Das Problem ist weiter, dass nach der „Stimmab-

gabe" die Interpretationsmacht lediglich bei den Sendeanstalten, PolitikerInnen, Konzernen etc. liegt, die in die ungenauen Ergebnisse die Volks-
meinung willkürlich nach eigenem Bedarf hineinlesen.

Die Frage, ob mit dem Stilmittel eines kollektiv betroffenen „Wir" lang-
fristig tatsächlich ZuschauerInnen an einer Sendung interessiert werden
können, so dass sie regelmäßig schauen, muss in dieser Arbeit offen bleiben. Zweifelhaft scheint mir allerdings zu sein, dass solche Vereinnahmun-
gen in eine Kollektivmeinung die politische Aktivität der Gesellschaft fördert. Dies ist aber eine der gesetzlichen Aufgaben der öffentlich-rechtlichen
Sender.

6.3.3 Christiansen als Frau im politischen Journalismus

Wie ich einleitend beschrieben habe, haben Frauen bedeutend weniger ein-
flussreiche und sichtbare Positionen als Männer sowohl in der Politik als
auch im politischen Journalismus inne. Andererseits entspricht das Bild
von Frauen und ihren Aufgaben auf deutschen Bildschirmen immer noch
sehr stark den traditionellen Vorstellungen. Auf diese Weise ist Christiansen als Moderatorin einer politischen Talkshow noch immer eine Ausnahme im deutschen Fernsehangebot. In Anbetracht dessen, dass aus Sehge-
wohnheiten Erwartungshaltungen an Sender, Programmtypen und einzelne
Personen entstehen, werde ich im folgenden die Anforderungen, die an sie
in dieser Situation gestellt werden, näher betrachten.

Die Erwartungen an sie als Moderatorin kommen von unterschiedlichen
Seiten. a) Der Sender, der das Programm ausstrahlt, stellt gewisse Anforderungen. Die öffentlich-rechtlichen Programme, mit ARD an der Spitze,
gelten nach einer Umfrage von Darschin und Kayser als mit Abstand am
seriösesten, glaubwürdigsten und anspruchsvollsten, so dass die Informationssendungen die wichtigste Rolle für die Akzeptanz der öffentlich-
rechtlichen Programme in den Jahren 1999 und 2000 spielten (vgl. a.a.O.,
2000, 2001). Um eine Sendung über Politik bei ARD für ZuschauerInnen
attraktiv zu machen, sollte die Moderation also den Erwartungen entspre-

chend seriös und glaubwürdig sein. Hierzu kommen b) die Erwartungen, die man an ModeratorInnen von Talkshows im allgemeinen stellt. Sie sollten schlagfertig, charmant, humorvoll, attraktiv, gebildet, eloquent, intelligent und selbstsicher sein, darüber hinaus gut zuhören können und interessante Fragen stellen (vgl. u.a. Böhm 1995). Diese beiden Erwartungsbilder sollten sich c) in der konkreten Person der ModeratorIn wiederfinden und von ihr verkörpert werden.

Die Eigenschaften für ModeratorInnen im allgemeinen entsprechen nun größtenteils den traditionellen Frauenrollen. Dies sind z.b. interessierte, freundliche Fragen zu stellen, die den GesprächspartnerInnen auffordern, lange über sich zu reden, zuzuhören, unterschiedliche Meinungen zu verbinden bzw. eloquent, gebildet und vor allem attraktiv zu sein (vgl. Böhm 1995, Trömel-Plötz 1984, Brownmiller 1984). Schon die Salonkultur in Deutschland und Frankreich des 17./18. Jahrhunderts basierte darauf, dass Frauen in ihre privaten Empfangsräume intellektuelle, redegewandte Männer zu Diskussionen einluden, in denen sie Moderationsfunktionen übernahmen[24]. Auch heute ist es nicht mehr ungewöhnlich, Frauen als Moderatorinnen von Unterhaltungssendungen generell und Talkshows speziell zu sehen und zu hören. Während Unterhaltung und „Plaudereinen" auch in der öffentlichen Ausstrahlung eher dem privaten Bereich im gesellschaftlichen Interesse zugeordnet werden, werden bei „Sabine Christiansen" politische, öffentlich relevante Themen diskutiert. Senta Trömel-Plötz zeigt in ihren Untersuchungen, dass in solchen öffentlichen Diskussionen andere Redestile vorherrschen. Hier gehe es darum, sich darzustellen, zu messen, um das Wort zu kämpfen und zu gewinnen, so dass mittlerweile mehr oder weniger alle Seiten, Sender wie ZuschauerInnen, von einer solchen Diskussion erwarten würden, dass Meinungen hart aufeinanderprallen, Wortkämpfe stattfinden und sich die Gegner ein verbales Duell liefern. So wirbt „Sabine Christiansen" selbst mit dem Versprechen auf „kontroverse Diskussionen". In einer solchen Situation habe ein zurückhaltender, verbindender Gesprächsstil keine Chance (vgl. Trömel-Plötz 1984). TeilnehmerInnen sol-

---

[24] Vgl. Brockhaus Enzyklopädie 1973.

cher Diskussionsrunden sind also in der Regel angehalten, sich zumindest teilweise einen kämpferischen Stil anzueignen, um für ihre Positionen Gehör zu finden. Weiter gehört es selbst in Diskussionen, in denen die Atmosphäre weniger aufgehetzt und aggressiv ist, wie in der vom 22.10.2000, zu den grundlegenden Aufgaben von ModeratorInnen, das Thema zu lenken, gegebenenfalls einzelne RednerInnen zu unterbrechen oder an die Ausgangsfrage zu erinnern. Hier entsteht nun ein Konflikt mit den Erwartungen, die im allgemeinen an eine Frau gestellt werden. Denn die Aufgaben und Eigenschaften, die an ModeratorInnen in politischen Talkshows gestellt werden, stehen denen an Frauen entgegen. Frauen werden als belehrend empfunden, wenn sie informieren oder generell als unweiblich, wenn sie schlagfertig, selbstsicher oder intelligent sind oder andere, besonders gesellschaftlich höher Stehende oder Männer, unterbrechen, provozieren oder zu lenken versuchen (vgl. u.a. Trömel-Plötz 1984, Brownmiller 1984). Die Frage ist also, wie Sabine Christiansen mit dieser Situation umgeht und wie darauf reagiert wird.

In der beschriebenen Sendung zeigt sich, dass Christiansen einen Moderationsstil wählt, der die Erwartungen an eine politische, öffentliche Diskussion erfüllt. Sie nimmt sich in den ersten Minuten ihrer Sendung Zeit, um das zu diskutierende Thema darzustellen und bezieht selbst Stellung mit der klaren Bewertung einzelner Handlungen und Personen – auch der anwesenden Talkgäste. Sie stellt ihre Gäste so vor, dass diese durch eine klare Dramaturgie ihre Darstellung des Themas unterstützen und berichtet *über* sie. Bevor einer der „ExpertInnen" das erste Mal zu Wort kommt, gibt es also bereits eine klare Bewertungsstruktur, so dass sich ein Teil ihrer Gäste sofort in einer Rechtfertigungshaltung wiederfindet. Durch ihre Provokationen erzeugt sie eine aggressive Stimmung in der Runde, die sie mit ihrer Körpersprache unterstützt und die Sendung hindurch versucht, aufrecht zu erhalten. Sie versucht, die wunden Punkte der Gäste mit ihren Fragen zu treffen und kommt sofort wieder auf Unterschiede zwischen den Gegnern zu sprechen, sobald sich Gemeinsamkeiten andeuten (Situation 3). Sie lenkt und strukturiert zu weiten Teilen stark den inhaltlichen Verlauf der Diskussion und unterbricht, wenn dieser nicht eingehalten wird. Darüber hinaus ist ihre Art zuzuhören meist distanziert und wirkt gefühlskalt. Gleichzeitig setzt sie all diese Strategien ihres Moderationsstils so ein, dass sie im großen und ganzen immer noch seriös wirkt, als würde sie lediglich informieren und berichten.

Die Reaktionen aus der Talkrunde zeigen, dass Christiansen auf Gegenwehr stößt und viele Aspekte ihres Moderationsstils zurückgewiesen und nicht toleriert werden. Am deutlichsten zeigt sich dies in Goppels Reaktionen. Goppel, der von Christiansen am meisten provoziert wurde, versucht zunächst ruhig ihre Anschuldigungen als nichtig und übertrieben zurückzuweisen (Situation 1). Nachdem sich Christiansen davon nicht beeindrucken lässt, antwortet Goppel mehr und mehr mit Gegenangriffen. Zum einen stellt er verbal ihre Profession als solche (Situation 2) oder sie als Leiterin der Sendung in Frage (Situation 4), zum anderen spiegelt er ihr nonverbal klare Dominanz, z.B. durch das Zeigen mit dem Zeigefinger auf sie, der wie ein Platzverweis wirkte oder mit bedrohlichen Blicken über seine Brille hinweg[25]. Die Reaktionen Christiansen darauf zeigen, dass sie ihre souveräne Haltung des Beginns einbüßt. Zwar klingen ihre Fragen weiterhin provozierend und zielen auf unangenehme Punkte, doch anstatt souverän und gelassen in ihrem Stuhl Goppel gegenüber zu sitzen, schaut sie während der Fragen auf den Boden oder leicht von unten zu ihm auf. Ihre Position und Souveränität als Leiterin der Diskussion verliert sie in Situation 4 sogar vollkommen. Sie kommt durch Goppels Gegenangriffe selbst in eine Rechtfertigungshaltung und lässt sich auf Diskussionen über die Regeln der Sendung ein, z.B. ob man über nicht anwesende Dritte reden sollte oder nicht. Hier zeigte sich ebenfalls, dass nicht sie Goppel zum Einlenken bewegt sondern Schlauch, der in die Situation eingreift und Goppels eigenmächtige Regeln zurückweist. Christiansen scheint diese „ritterliche Hilfe", wie es in der Interpretationsgruppe hieß, sofort bereitwillig anzunehmen, so dass Schlauch den Konflikt für sie austrägt.

---

[25] Zur Bedeutung von Körpersprache zwischen den Geschlechtern vgl. auch Mühlen Achs 1993.

Dass Christiansen nicht nur aus vehementer Gegenwehr zu ihren eigenen Provokationen als Moderatorin übergangen und ihre faktische Machtposition dadurch grundlegend in Frage gestellt wird, zeigt auch die Situation 5. Hier ergreift Schönherr das Wort, der sich keinerlei Vorwürfen und Angriffen von Christiansen in der Sendung gegenüber sah. Nachdem er von Goppel angegriffen wurde, denkt er kurz nach und fällt dann Christiansen ins Wort, die zu einer neuen Frage ansetzte. Er entschuldigt sich zwar dafür, die Interpretationsgruppe hatte aber das Gefühl, dass er zum einen gar nicht gemerkt hatte, dass sie zu reden begonnen hatte und zum anderen sich nur aus rhetorischer Höflichkeit entschuldigt. Es habe nicht so ausgesehen, als ob er die Vorrangigkeit seines Rederechts in Frage gestellt sah. Christiansen reagierte hier ähnlich selbstverständlich und unterwürfig wie bei Schlauch und überließ ihm sofort das Wort.

Der Anspruch, seriös und glaubwürdig zu sein, schränkt Christiansens mögliche Strategien zur „Gegenwehr" ein. Während Frauen in der Regel in konfrontativen Situationen mit Männern oder in Situationen, in denen sie ignoriert werden, beginnen, mit weiblicher Koketterie, Flirtansätzen oder kindlichem Gebärden den Konflikt zu schlichten oder um Aufmerksamkeit zu werben (vgl. Trömel-Plötz 1984, Brownmiller 1984), entfällt für Christiansen diese Möglichkeit des Spiels mit der Weiblichkeit. „Seriöse" Politik wird allgemein mit Rationalität und Intellekt verbunden. Die Positionen und Standpunkte werden in solchen Gesprächen mit Hilfe von Argumenten und nicht mit „weiblicher List" ausgetragen. Christiansen würde ihre Stellung als Leiterin der Diskussion sofort in Frage stellen, wenn sie erwartungsgemäß weiblich reagieren würde. So bleiben ihr in Situationen, wie denen mit Goppel, letztlich keine geschlechts- *und* situationskonformen Möglichkeiten, ihre Autorität als Diskussionsleiterin zurückzugewinnen. Christiansen versuchte in der vorliegenden Sendung, weiter zu konfrontieren, was mit zunehmend leichter Hand gegen sie gewendet werden konnte. Einerseits wirkten ihr langes Nachhaken und Beharren auf einer Frage letztlich verbissen und unnötig, so dass ihr Goppel seine Antwort schließlich so gab, als antworte er einem quengelnden Kind. Andererseits waren es am Ende der Sendung Goppel und Rüttgers, die mit einander gelassen scherzten, während Christiansen immer verbissener wirkte.

Ähnliche Situationen lassen sich auch in anderen Sendungen beobachten. Sie sind unabhängig von der jeweiligen Atmosphäre der Sendung, so dass sie als Ausdruck dafür gewertet werden können, dass eine Frau in der Position von Christiansen von Männern nicht nur als eine Moderatorin einer politischen Talkshow wahrgenommen wird, die einen Stil wie in diesem Genre üblich verfolgt, sondern dass sie auf Grund ihrer Geschlechtszugehörigkeit diesen Stil nur sehr schwer durchhalten kann und entweder scharf in ihre Schranken gewiesen oder einfach übergangen und ignoriert wird.

Die Reaktionen der weiblichen Gäste in der Sendung sind unterschiedlich. In der Regel ist nur eine weitere Frau zu der Diskussion eingeladen, die aus unterschiedlichen gesellschaftlichen Bereichen kommen. Politikerinnen befinden sich in einer ähnlichen Situation wie Christiansen; sie sind ein Teil einer Minderheit im spitzenpolitischen Geschäft in Deutschland. Selten wird ihre Gegenwart so direkt angesprochen wie in der beschriebenen Sendung, in der Goppel Vogt darauf hinweist, dass in anderen kulturellen Zusammenhängen *nur* Männer in solchen Diskussionen sitzen würden. In der Regel werden geschlechtsspezifische Unterschiede und Benachteiligungen auf subtilere Weise ausgeübt, wie Kirsten Gomard anhand dänischer politischer Fernsehdiskussionen von 1993 zeigen konnte (vgl. Gomard 1999). Geübte Fernsehpolitikerinnen wie Angela Merkel (CDU) oder Herta Däubler-Gmelin (SPD) weisen Anschuldigungen von Christiansens Seite ab und zu selbstsicher zurück, spielen aber im großen und ganzen Christiansens Rollenverteilung mit und lassen sich für ihre Ausführungen das Wort erteilen. Selten bekommt Christiansen so scharfen Widerstand wie von Jutta Ditfurth am 22.07.2001, die ihren Moderationsstil – im Gegensatz zu Goppel – offen ansprach und die inhaltliche Themenführung kritisierte. Hier reagierte Christiansen nicht mit einer unterwürfigen Geste, sondern gab ihr die Anschuldigung sofort zurück: Wenn sie [Jutta Ditfurth] den inhaltlichen Zusammenhang nicht sehen würde, könne sie auch nichts machen.

Wie auch immer die einzelnen Frauen auf Christiansen reagieren, hat Christiansen meist einen entscheidenden Vorteil, falls sich ein weiblicher Konkurrenzkampf in vergleichbarer Tragweite wie zu dem zwischen Goppel und ihr entwickeln sollte. Christiansen entspricht im Gegensatz zu den meisten Politikerinnen den weiblichen Schönheitsidealen. Sie ist schlank, blond, gut gekleidet, perfekt geschminkt und frisiert und oft jünger als ihre weiblichen Gäste. Vogt ist hier eine interessante Ausnahme. Sie wurde in der Interpretationsgruppe sofort als jung und hübsch beschrieben. Christiansens Vorteil in diesem Fall könnte darin bestanden haben, dass von ernsthaften politischen Diskussionen Seriosität erwartet wird, die sich wohl eher in Christiansens mittlerem Alter und ihrer Erfahrung, vor der Kamera zu stehen, widerspiegeln als bei Vogt, die neu im medialen politischen Geschäft ist und daher wohl noch eher unerfahren wirkt. Christiansen befindet sich darüber hinaus als Moderatorin in der machtvolleren Position in der Diskussion als ihre weiblichen Gäste. Dadurch, dass auch die Weiblichkeit der Gäste auf dem Spiel steht, wenn diese sich zu oft, zu selbstsicher und dominant das Wort über Christiansen hinweg erobern würden, wirkt sich Christiansens Position hier in der Regel als Vorteil gegenüber Frauen aus.

Die unterschiedlichen Reaktionen in der Interpretationsgruppe können in ähnlicher Weise gesehen werden. Männer reagierten, wie beschrieben, entweder aggressiv abwertend auf Christiansen als Person oder sagten, sie spiele keine spezielle Rolle, es sei unbedeutend, dass sie eine Frau sei. Die aggressiv abwertende Reaktion reiht sich ein in die oben beschriebenen Abwehrreaktionen von z.B. Goppel. Ihre konfrontative, provokante Art wird damit entschieden zurückgewiesen, ihre Person beleidigt und abgewertet. Die andere Reaktion, dass sie als Person keine Rolle spiele, spiegelt sich dagegen in der Ignoranz wider, wie sie ebenfalls oben beschrieben wurde.

Die Frauen der Interpretationsgruppe waren dagegen sehr stark mit Christiansen als Person beschäftigt. In der Regel wurde sehr genau auf ihr Äußeres geachtet, es gab lange Überlegungen über ihre Kleidung und Frisur. Diskutiert wurde aber vor allem auch ihr Moderationsstil, der an unterschiedlichen Stellen der Gruppendiskussion als unpassend, aggressiv, unweiblich, manipulativ, unseriös und störend beschrieben wurde. Andererseits machte sich der weibliche Teil der Gruppe auch verstärkt Gedanken darüber, welche Möglichkeiten sich für Christiansen als Frau in der Position als Moderatorin einer politischen Talkshow bieten und verglich ihre Situation z.b. mit eigenen Erfahrungen des Moderierens. Bei einer Gruppendiskussion wurde lange das Gefühl diskutiert, dass man sich ihr gegenüber gemein und unfair fühlt, wenn man über sie und ihre Art lästert und arrogante Bemerkungen macht.

In den Reaktionen der Gruppe zeigt sich, dass die Position von ModeratorInnen interessiert wahrgenommen wird und sich die Möglichkeit bietet, sich potentiell mit ihnen zu identifizieren. Während Männern in der Regel fünf männliche Talkgäste „zur Verfügung stehen", um sich mit ihnen auseinander zu setzen, sich mit ihnen zu vergleichen, zu sympathisieren oder sich von ihnen abzugrenzen, haben Frauen, wie beschrieben, nur Christiansen und eine weitere Frau in der Diskussionsrunde, die als potentielles Vorbild fungieren könnte. So steht Christiansen im speziellen Interesse, da sie oft auf Grund ihrer körperlichen Attraktivität am ehesten als mögliche, positive Identitätsfigur auffällt. Die Abgrenzung des weiblichen Teils der Gruppe von ihr geschieht in einer gewissen Spannung und Enttäuschung. Meines Erachtens zeigt sich darin, der Versuch, Christiansen allein persönlich für ihre Fehler und Schwächen verantwortlich zu machen. So liegt es an ihr, ihrem Stil und Auftreten, dass manche Gäste über sie hinweggehen, sie nicht beachten oder sie scharf angreifen und zurechtweisen. Zwar versuchte man sich auch in ihre Lage zu versetzen und sich über ihre Schwierigkeiten bewusst zu werden, aber dieser Gedanke konnte nicht zu Ende gedacht werden. Anstatt Christiansens geringe Chance zu sehen, auf Grund der allgemeinen Erwartungen, ihre Aufgabe als Moderatorin einer politischen Talkshow „richtig" zu machen, also die Strukturen der Gesellschaft zu sehen, wurde sie persönlich für ihre Probleme oder ihr Scheitern verantwortlich gemacht. Scheinbar ist die Erkenntnis, selbst in ähnlichen Situationen sein zu können und ebenfalls kaum befriedigende Handlungsmöglichkeiten zur Verfügung zu haben, zu beängstigend.

Die Männer der Gruppe stehen dagegen weniger vor dem Problem, sich mit genau dieser Moderation identifizieren zu müssen. Ihnen stehen eine Reihe unterschiedlicher Männer zur Auseinandersetzung zur Verfügung, die in der Öffentlichkeit machtvolle Positionen inne haben. So kann auf Christiansen und ihren Stil abwertend oder ignorierend reagiert werden, ohne dass damit eigene Handlungsmöglichkeiten hinterfragt werden müssen.

Die Wirkung Sabine Christiansens und ihre Art, ihre Diskussionen zu gestalten und zu leiten, kann also als eine Kombination aus drei Bildern betrachtet werden, die sich gegenseitig gleichzeitig ergänzen und ausschließen. a) Sie ist die Mutter des „deutschen Hauses". Sie hat stets ein offenes Ohr und engagiert sich treusorgend für ihre „Kinder" – niemals für sich. Sie achtet auf die innere Ordnung des Hauses und auf ein sauberes, adrettes Äußeres nach dem Motto „was soll sonst das Ausland von uns denken?"[26] Dieser mütterlichen Seite fehlt allerdings eine liebevolle Nähe und Vertrautheit, so dass man mit Christiansen b) eine strenge Lehrerin verbinden kann, die als Anwältin der Kleinen und Unscheinbaren den PolitikerInnen auf die Finger schaut, Hausaufgaben aufgibt, wöchentlich Rechenschaft verlangt und mit öffentlicher Zurechtweisung straft. Diesen beiden traditionellen Frauenbildern fehlt wiederum die weibliche Attraktivität, die bei Christiansen c) durch die körperliche Perfektion einer Barbiepuppe ergänzt werden. Ihr Gesicht wirkt, wie die von der Interpretationsgruppe oft vehement eingeklagten, aber fehlenden Gefühlsregungen zeigen, maskenhaft wie aus Plastik und nicht aus Fleisch und Blut, ihr Körper neutral und steril. Für den reinen Eindruck einer Barbiepuppe ist sie allerdings wiederum nicht mehr jung genug, sondern wirkt zu reif und lebenserfahren.

Diese Bilder werden ebenfalls von unterschiedlichen Autoren mehr oder weniger assoziativ aufgegriffen. Gerhard Bliersbach (2000) beschreibt Christiansen in einem Artikel über ihre Sendung als „Propagandistin der Zugewandtheit – rührig, freundlich, interessiert und lächelnd", die aller-

---

[26] Passend zu der Inszenierung einer solchen Übermutter einer ganzen Nation ist ihr Engagement als deutsche Botschafterin des UN-Kinderhilfswerkes Unicef.

dings nur „schale Beruhigung" betreibe, was dem Bild der sorgenden, aber zu fernen Mutter entspräche. Im Verlauf seines Artikels wandelt sie sich aber zur strengen (und hier auch listigen) Lehrerin, die „über die Gültigkeit der Belege und Argumente entscheidet", „mit den Mitteln des Tribunals das Versagen der Bildungspolitik wie eine Tatsache behauptet" und „mit ihrer Parteilichkeit [...] eine latente Absicht [verfolgt]" (vgl. Bliersbach 2000). Matthias Mattusek vergleicht Christiansen in einem Artikel in *Der Spiegel* (1999) mit „Mutter Beimer" aus der Fernsehserie „Lindenstrasse". Sie sei „kein großes Licht", habe aber ein Herz für jeden – und eine mächtige Quote. Den Attraktivitätsunterschied versuchte er mit dem Hinweis auf sie als „blonde Nachrichten-Hosteß" auszugleichen – eine Anspielung auf ihren früheren Beruf als Stewardess. Joseph von Westphalen (2000) schreibt in einer Kolumne, Christiansen sei „ein aus dem Ei gepellter hanseatischer Hosenanzugsdrachen". Sie sei zwar im Jahr des Drachen geboren, aber dennoch kein klassischer Drache. „Wir wissen nicht, wie es unter ihren cremefarbenen *Mutti*blazern aussieht, aber vermutlich befindet sich da keine harte Hornschuppenhaut. Es gibt Kosmetikstudios, die sind aufs Drachenhautglattschleifen spezialisiert" (Hervorhebung B.S.). Im weiteren beschreibt er, sie verwandle ihre Gäste zu „farblosen Schülern", was die Seite der Lehrerin anspricht. Auch in *die tageszeitung* gibt es in verschiedenen Artikel immer wieder Anspielungen, die zeigen, dass man auf ihre fehlende Gefühläußerungen stark und letztlich abschätzig reagiert.

Diese Reaktionen auf Christiansen als Person zeigen zweierlei. Zum einen zeigen solche abwertenden Beschreibungen von größtenteils männlichen Autoren, dass Christiansen offensichtlich gefährlich nahe in einen Bereich eingedrungen ist, in dem Männer bisher unter sich waren: Sie hat eine regelmäßig hohe Einschaltquote im politischen Journalismus. Wie auch immer man die Legitimität und Aussagekraft der Quote bewerten mag, ist sie ein wesentlicher, machtvoller Faktor im journalistischen Geschäft. Zum anderen zeigen diese vielfältigen assoziativen Kommentare – auch der Interpretationsgruppe, dass es schwierig ist, die richtigen Worte und Bilder zu finden, um Christiansen und ihre Persönlichkeit zu beschreiben. So basieren die dargestellten Reaktionen m.E. auf jener Spannung, die Christiansens Gesamtwirkung auslöst. Sie kombiniert Attraktivität, Mütterlichkeit und Strenge, ohne sich auf eine der dazugehörigen traditionellen Frauenbilder festzulegen. In den Reaktionen zeigt sich daher der permanente Versuch, Christiansen in die vorhandenen, bekannten Frauentypen und -rollen einzuordnen. Keine der Beschreibungen ist für sich aber ausreichend oder zufriedenstellend, so dass innerhalb der Gruppendiskussionen oder der einzelnen Artikel und Kommentare zwischen verschiedenen Assoziationen hin- und hergesprungen wird, auf der Suche, Christiansen zu fassen und festzulegen.

Wie ich zeigen konnte, verstricken Christiansen die Erwartungen an sie als Moderatorin, Frau und Journalistin in Widersprüchlichkeiten. Zum Teil können diese dafür verantwortlich gemacht werden, dass sie in ihrer Sendung oft nicht respektiert oder übergangen wird, so dass nicht nur, wie es in der Regel geschieht, monokausal ihre individuellen Fähigkeiten als Moderatorin in Frage gestellt werden können (vgl. z.B. Matussek 1999). Durch diese Widersprüchlichkeiten hindurch konnte Christiansen einen eigenen Stil entwickeln und sich in der deutschen Fernsehlandschaft deutlich etablieren. Interessant wären hier weiterführende Untersuchungen, in wie fern sich auch mit anderen Frauen in ähnlichen Positionen, wie Maybrit Illner (*ZDF*), Sandra Maischberger (*n-tv*), Gaby Bauer (*ARD*) u.a., die Sichtweisen und Erwartungen an Frauen als Leiterinnen von politischen Sendungen verändern, ob sich evt. ein neuer Frauentypus auf deutschen Bildschirmen etabliert und wie dieser in bezug auf die traditionellen Frauenrollen einzuordnen sein könnte.

7. Abschließende Diskussion und Zusammenfassung

In der vorliegenden Arbeit habe ich eine Sendung der Talkshow „Sabine Christiansen" beschrieben und auf Grund verschiedener Gruppendiskussionen analysiert. Ich habe dargestellt, wie auf einem öffentlich-rechtlichen Sender das Thema „Einwanderung" diskutiert wurde und welche ausländerfeindlichen Argumente entwickelt werden konnten. Diese inhaltlichen Argumente sind m.E. keine Positionen, die lediglich in der Sendung „Sabine Christiansen" geäußert werden, sondern vielmehr die allgemeine Einwanderungsdiskussion in Deutschland spiegeln. So stellt sich die Frage, in wie fern die Sendung mit ihrer Struktur und ihrer Moderatorin diese Argumentation latent begünstigte und unterstützte, obwohl manifest zunächst ein gegenteiliger Eindruck entstand.

Am auffälligsten war hier die Gästeauswahl. Hauptsächlich bekannte Persönlichkeiten aus der bundesdeutschen Öffentlichkeit waren zur Diskussion eingeladen und keine vom Thema Betroffenen oder andere Sachkundige. So konnte über die Betroffenen, Einwanderer und Ausländer im allgemeinen, über türkische Einwohner im besonderen, geredet werden, was, wie ich zeigen konnte, zu einer stereotypen, vereinfachten, oberflächlichen und daher äußerst fragwürdigen und verzerrten Sicht auf das Thema geführt hat. Anstelle von ExpertInnen, die das Thema hätten vertiefen können und damit zu mehr Klärung beigetragen hätten, wurde in der Sendung auf mediengerechte Berühmtheiten gesetzt, die ihren alltäglichen Parteienkampf öffentlich auf Kosten der Nicht-Anwesenden austragen konnten. Nicht Inhalte und Lösungsorientierung, sondern einschaltquotentauglichen „Köpfe" standen im Vordergrund, wie schon der Vorspann der Sendung vermuten ließ. Auch Christiansen als Moderatorin verlangte nur sehr eingeschränkt und zu zaghaft konkrete Inhalte von ihren Gästen. Damit verstärkte die Gästeauswahl die ohnehin nur bedingte Möglichkeit im Fernsehen, komplexe Gedanken und Zusammenhänge darzustellen. Auch bei „Sabine Christiansen" wird auf längere Ausführungen verzichtet, vermutlich weil, wie Bourdieu beschreibt, sie leicht langweilig wirken können und damit die Gefahr besteht, dass Zuschauerzahlen eingebüßt würden. Die Entscheidung für die Quote ist damit eine Entscheidung, die Komplexität der Wirklichkeit zugunsten der kurzweiligen Oberflächlichkeit von Stereotypen zu reduzieren (vgl. 1999, S. 37ff).

Eine „Talkshow" ist darüber hinaus eine Unterhaltungssendung. Ein wichtiges, sensibles Thema in Deutschland wird also in unterhaltender Weise inszeniert und dargeboten. Die ZuschauerInnen vor den Bildschirmen können bei der Verhandlung über menschliche Schicksale zu Unterhaltungszwecken teilhaben. Die betroffenen Menschen verschwinden hinter der Unterhaltung in Anonymität. Es würde wohl den Rahmen der Sendung sprengen, würden tatsächlich Betroffene in ihr sichtbar werden.

Die Konstruktion eines deutschen Kollektivs, das die Sendung durch ihre Struktur im allgemeinen herstellt, legt aber erst die grundsätzliche Voraussetzung für die problematische Argumentation der konkreten Sendung am 22.10.2000. Erst in der Inszenierung eines deutschen „Wir", das mehr oder weniger in jeder Sendung inszeniert wird, ist die Abwesenheit von AusländerInnen/EinwanderInnen in der diskutierten Sendung verständlich. Denn bevor mit AusländerInnen geredet wird, muss das innerdeutsche Kollektiv erst für sich klären, ob und in welcher Weise es AusländerInnen braucht und dabei haben will. „Sabine Christiansen" unterstützt durch ihre Sendungen eine solche Konzentration auf ausschließlich innerdeutsche Themen. Selbst globale oder europäische Themen werden streng aus innerdeutschem Blickwinkel präsentiert und diskutiert[27].

Problematisch ist aber nicht nur eine innerdeutsche Themeninszenierung, mit dem Resultat, eine deutsche Bevölkerung von anderen unterscheiden zu können, sondern auch die durchgängige Darstellung des Deutschen im

---

[27] Dies veranlasste eine ChatteilnehmerIn am 22.07.2001 nach einer Sendung, in der hauptsächlich der G8-Gipfel in Genua mit seinen teils blutig-aggressiven Gegendemonstrationen diskutiert wurde, relativ unvermittelt im Chatgespräch zu schreiben: "Warum hat Frau Christiansen die Diskussion nur wieder auf diese spießigen innerdeutschen Probleme gebracht, langweilig und immer das selbe!"

Wettbewerb mit anderen Ländern. Die Hauptaussage ist dabei, dass Deutschland im internationalen Vergleich hinter beliebig austauschbaren, anderen Ländern steht oder nur Platz soundsoviel in beliebigen Statistiken einnimmt. Implizit bedeutet das, dass Deutschland eigentlich Weltbester sein könnte und stets an erster Stelle kommen müsste. Wegen den jeweils „Bösen der Woche" – normalerweise den PolitikerInnen – hat Deutschland allerdings nicht den Spitzenplatz in der Welt oder konnte ihn nicht halten. Diese Vergleiche werden in der Regel in den ersten sechs einführenden Minuten angestellt, wie im vorliegenden Fall im Vergleich des deutschen mit dem britischen Expo-Pavillion. Sie sind aber ebenso in Christiansens Fragen enthalten, beispielsweise wie man das Bewusstsein der Bevölkerung so wie in Australien ändern könnte. Solche Vergleiche unterstützen m.E. eine zweifelhafte deutsche Identität, die sich hauptsächlich auf konkurrierende Vergleiche stützt und nicht in einem selbstsicheren Bewusstsein verankert ist, das auch Selbstkritik einbeziehen könnte.

Während Christiansen in ihrer Sendung am 22.10.2000 also manifest gegen die CDU und ihre Leitkulturdebatte argumentiert, unterstützt die latente Struktur ihrer Sendung genau jene angeprangerte Sichtweise. Im Fall meiner Analyse passt das Ergebnis zu der allgemeinen Struktur der Sendung zufällig zu dem konkret diskutierten Beispiel vom 22.10.2000. Gerhard Bliersbach kommt in seinem Artikel „Das Paradox einer Talk-Show" (2000) zu einer ähnlichen Einschätzung der Sendung. Er betrachtet „Sabine Christiansen" von einer Sendung über Bildungspolitik aus, und schreibt:

> „Wären unsere Universitäten so organisiert wie die amerikanischen Hochschulen, wären wir so innovativ und erfolgreich wie die Amerikaner. Dann hätten wir auch einen Bill Gates [...]. Dann wären wir nicht so klein und brauchten uns nicht zu schämen, Wir könnten alle Golf spielen und nicht bloß Fußball. Wir haben die reparative Fantasie des bundesdeutschen Selbstgefühls vor uns – den nagenden Zweifel und die Unzufriedenheit über eine Aufsteigerrepublik, mit der man endlich aufsteigen möchte" (a.a.O., S. 50).

Die Sendung inszeniert aber nicht nur ein Bild eines einheitlichen Volkes, sondern bietet insgesamt ein problematisches Demokratie- und Politikverständnis. Als Talkgäste werden bei „Sabine Christiansen" hauptsächlich hauptberufliche PolitikerInnen aus Spitzenpositionen eingeladen. Es entsteht dadurch der Eindruck, Politik werde lediglich von dieser ausgewählten, separaten Berufsklasse gemacht. Vernachlässigt werden daher nicht nur ExpertInnen aus anderen gesellschaftlichen Bereichen und Organisationen, sondern auch PolitikerInnen aus anderen Positionen, z.B. Kommunalstrukturen. Politik wird hier also zu einem Themengebiet, das zwar öffentlich relevant ist, aber mehr oder weniger von grauhaarigen, Anzug tragenden Männern aus der Bundespolitik bestimmt wird. Die ZuschauerInnen sitzen einerseits passiv vor dem Bildschirm und verfolgen das rhetorische Treiben einiger weniger Medienfiguren, die nichts mehr mit ihrem alltäglichen Leben zu tun haben, außer dass sie über solche Sendungen oder Nachrichten ab und zu in ihre Wohnzimmer eindringen. Andererseits sind die ZuschauerInnen die eigentlichen Hauptpersonen der Inszenierungen. An sie richten sich die Botschaften und die Selbstpräsentationen der PolitikerInnen und JournalistInnen. Sie sind sozusagen das goldene Kalb, um dessen Gunst man für potentielle Wahlen oder Einschaltquoten wirbt, um sich legitimieren zu lassen. So thematisiert z.B. Christiansens einführender Film lediglich die konservative Politik, die mit ihren Wahlkämpfen Rechtsradikalismus unterstützten. Die Passivität der Öffentlichkeit, die den Radikalismus zuschauend toleriert, wird dabei nur indirekt angesprochen, womit die Probleme auf scheinbar einige wenige in der Bevölkerung geschoben und verharmlost wird.

Inszeniert werden die ZuschauerInnen also als Souverän der politischen und medialen Welt, so als könnten sie tatsächlich wählen oder ihre Meinung äußern, auf die dann eingegangen werde. Gleichzeitig bietet das Fernsehen an sich nicht viele Möglichkeiten, dass Einzelne gehört werden und auf sie eingegangen wird. Das Medium im allgemeinen bzw. die Sendung im speziellen inszeniert die Bevölkerung als eine schwerfällige Masse, die mehr oder weniger einfach rhetorisch manipuliert werden kann. Auch wenn eine Mehrheit vor dem Fernsehen sitzen würde, die sich inhaltlich und strukturell von der Sendung distanzieren wollte, bestünde für diese Mehrheit auf Grund der Strukturen des Mediums kaum Einspruchsmöglichkeit, da keine Kommunikationsstruktur untereinander vorhanden ist und ungleich schwerer aufgebaut werden müsste. Für die/den Einzelnen entsteht also zunächst der Eindruck, alleine in einer oppositionellen Meinung zu der Sendung und ihrer Inhalte zu sein. Diesen Mangel des Mediums versucht „Sabine Christiansen" durch die anschließende Chatmöglichkeit, bzw. die Erreichbarkeit der Redaktion auszugleichen, so dass es in ihrem Fall möglich ist, sich mit anderen ZuschauerInnen auszutauschen und zu sehen, wie andere über verschiedene Inhalte der Sendung denken. In wie weit dies genutzt wird und welche Art der Vernetzung dabei entsteht, wäre eine Frage für eine weiterführende Untersuchung.

Beobachtet man aber lediglich das Angebot der Sendung, das im Fernsehen zu sehen ist, so ist es vor allem die Person Sabine Christiansen, die durch ihre Persönlichkeit, und ihren Moderationsstil, Distanz zwischen dem Zuschauervolk und seinen politischen VertreterInnen herstellt. Dies liegt bereits in ihrer Selbstinszenierung als Sprecherin der Bevölkerung, die die große, übermächtige Politik zur Rechenschaft zieht, womit sie zu einer vermittelnden Zwischeninstanz zwischen Bevölkerung und PolitikerInnen wird. Durch das Aufrechterhalten einer kontroversen Diskussion entsteht zudem in überdurchschnittlicher Weise der Eindruck, Politiker könnten sich nicht einigen und seien unüberwindbar in sich zerstritten. Manifest scheint es damit für akute Probleme nie eine befriedigende Lösung zu geben, schon gar nicht, wenn nicht Sabine Christiansen ab und zu eingreifen und alle an einen Tisch zur Klärung rufen würde. Nun ist zwar die Vermittlung zwischen Volk und PolitikerInnen (und andersherum) eine primäre Aufgabe der Medien, bedenklich ist im Falle „Sabine Christiansens" aber, dass sie sich als die Stimme des Volkes inszeniert. Das Problem liegt nicht nur in der Legitimation einer solchen Vertretung, sondern auch darin, dass mit ihr das Volk in ihrer Talkshow schon anwesend und vertreten ist. Die große Mehrheit des Studiopublikums schweigt oder äußert sich höchst undifferenziert über Applaus. Die seltenen Ausnahmen, in denen ZuschauerInnen aus dem Publikum kurz zu Wort kommen können (wie z.B. das Bauernehepaar, das den ersten bestätigten BSE-Fall in Deutschland hatte), bestätigen eher ihre Selbstinszenierung als volksnah, als dass sie tatsächlich als Einbeziehung oder gar Aktivierung der ZuschauerInnen gesehen werden können. Christiansens Wirkung auf ZuschauerInnen birgt weitere Probleme. Trotz der Inszenierung der ständigen Erreichbarkeit durch die steten Aufforderung, an sie zu schreiben oder nach der Sendung zu chatten, wirkt sie unnahbar und weit vom eigenen Bildschirm zu Hause entfernt. Die in 6.3 diskutierten Bilder, die die Wirkung Christiansens beschreiben, basieren stets auf einer hierarchischen Ordnung. Sie wirkt wie eine mütterliche, selbstlose Anwältin des deutschen Volkes, die mit der Strenge einer Lehrerin von den PolitikerInnen Rechenschaft einklagt und z.B. nicht wie eine Schwester, Freundin oder fragende Mitschülerin. Selbst auf der körperlichen Ebene, dessen Rolle in der scheinbar rationalen Sphäre der diskursiven Politik oft negiert wird, entspricht sie den weiblichen Idealen und steht dadurch ohne Worte über den allgemeinen körperlichen Schönheitsbeschwerden. Sie wirkt überlegen und fern von denen, die sie zu vertreten vorgibt. Wenn aber schon sie, die Zwischeninstanz zu den PolitikerInnen sozusagen, distanziert und unnahbar wirkt, wie schwer müssen dann die eigentlichen VolksvertreterInnen für ZuschauerInnen erreichbar sein? Anstatt eine Annäherung und Verbindung zwischen Politik und Bevölkerung zu schaffen, wird die Distanz zwischen beiden Seiten durch die Inszenierung der Sendung größer. Weiter zu fragen bleibt allerdings, ob diese größere Distanz eher die Verdrossenheit über Politik fördert oder vielleicht gerade zur Aktivierung und Eigeninitiative beiträgt.

Eine Frage, die sich mit dieser Arbeit stellt, ist, ob Unterhaltung im Fernsehen zwangsläufig das Gegenteil von Information sein muss, oder, wie es Luzia Braun in einem Vortrag „Quotendruck und Nischenfernsehen" (2000) formulierte: „Muss denn Unterhaltung ein Synonym für Oberflächlichkeit und Hirnlosigkeit sein?"

Meines Erachtens ist es zu kurz gegriffen, wenn behauptet wird, ZuschauerInnen – im allgemeinen – wollten tendenziell lieber skandalöse als langweilig dargebotene Berichte sehen. In den Reaktionen der Gruppen konnte deutlich gesehen werden, dass man zwar einerseits von der skandalträchtigeren, voyeuristischen Aufmachung zunächst beeindruckt und geködert werden konnte, dass sich dieses „Interesse" aber schon bald in Enttäuschung und/oder Empörung wandelte. Es ist daher notwendig, das Zuschauerverhalten und die Art der Rezeption sehr viel genauer zu erforschen, um solchen Pauschalurteilen auf Grund der sehr undifferenzierten Einschaltquote vorzubeugen. Darüber hinaus kann ein Bericht durchaus interessant erzählt, packend und damit „unterhaltend" dargeboten werden, ohne auf zweifelhafte Stilmittel, wie auch im vorliegenden Fall bei „Sabine Christiansen", zurückgreifen zu müssen. Der Erfolg der Dokumentationen von Gerd Ruge beispielsweise, der über seine Reise nach Sibirien völlig unaufgeregt berichtete und damit sieben Millionen ZuschauerInnen erreicht hatte, zeigt, dass auch ohne schnelle, oberflächliche Effekte hohe Quoten erreicht werden können (vgl. Braun 2000). Zuschauerbindung auf Grund von qualitativen Sendungen würden dann auf freiwilligem, selbst gewähltem Interesse der ZuschauerInnen beruhen, anstatt auf einem diffusen Gefühlsklos aus emotionalisierenden Darbietungen, die Erwartungen wecken und letztlich in offenen, schuldiggebliebenen Antworten unbefriedigt bleiben. Letztere Art der Zuschauerbindung kann dann nur mit weiteren klischeehaften und skandalverheißenden Bildern gehalten werden.

Qualitative Information müsste sich außerdem dadurch auszeichnen, dass sie durch verschiedene Aspekte und Sichtweisen Themen in ihrer Komplexität präsentiert und sichtbar macht. Dies geschieht dann nicht nur auf der manifesten, oberflächlichen Ebene, sondern auch auf der latenten. Die ZuschauerInnen bekommen eine produktive, aktive Position, da sie sich mit unterschiedlichen Interessen und Meinungen einen eigenen Standpunkt erarbeiten können und müssen. Diese Art der Information beinhaltet nicht die vielbeschworene Neutralität und Objektivität der Medien und ihrer Präsentation. Im Gegenteil. Gerade die scheinbare Beobachterrolle der Medien, die vorgibt, lediglich das zeigen und berichten, was sich in der „Realität" bietet, ist der Kern des Problems. Denn die vermeintlich reine Berichterstattung kann es, wie einleitend oder am Beispiel „Sabine Christiansens" deutlich geworden ist, nicht geben, da Auswahl und Präsentation immer schon Entscheidungen darüber enthalten, was wichtig oder interessant ist, bzw. sein könnte. Die Beobachterrolle und die Neutralität sind immer inszeniert und verschleiern damit den eigenen Ausgangspunkt sowohl der einzelnen JournalistInnen als auch des gesamten Mediums. Zu kritisieren ist daher nicht, *dass* ausgewählt und dadurch bereits kommentiert wird, sondern dass dies nicht deutlich wird. Durch eine bewusste Offenlegung der eigenen Selektionsprozesse der Medien, bzw. der jeweiligen Meinungen der JournalistInnen bestünde die Möglichkeit, die ZuschauerInnen in eine eigenständige, denkende Position zu versetzen, in dem sie sich in bewusster Anlehnung oder Abgrenzung eine Meinung erarbeiten und vertreten können. Damit erst würden der Journalismus und speziell das Medium Fernsehen ihrer gesellschaftlich zugedachten Aufgabe der Vermittlung zwischen Politik und BürgerInnen gerecht werden.

Literatur

Beck, Ulrich: Risikogesellschaft. Auf dem Weg in eine andere Moderne. 14. Aufl. – Frankfurt/Main: Suhrkamp 1998.

Becker, Susanne: „Ansätze zu einer inhaltlichen Beschreibung von Unterbrechungen in öffentlichen Gesprächen am Beispiel von Talkshows". In: Heilmann, Christa M. (Hg.): Frauensprechen – Männersprechen. Geschlechtsspezifisches Sprachverhalten. – München, Basel: Ernst Reinhardt Verlag, 1995 (Sprache und Sprechen. Beiträge zur Sprechwissenschaft und Sprecherziehung, Band 30.)

Bliersbach, Gerhard: Das Paradox der Talk-Show. Über das Muster der Sendung „Sabine Christiansen". In: Psychologie heute, 27. Jhg. (2000) Nr. 2, S. 46-51.

Böhm, Elisabeth: „Traumberuf Moderatorin". In: Heilmann, Christa M. (Hg.): Frauensprechen – Männersprechen. Geschlechtsspezifisches Sprachverhalten. - München, Basel: Ernst Reinhardt Verlag, 1995 (Sprache und Sprechen. Beiträge zur Sprechwissenschaft und Sprecherziehung, Band 30.)

Bourdieu, Pierre: Über das Fernsehen. (dt. Übersetzung v. Achim Russer). 4. Aufl. - Frankfurt/Main: Suhrkamp Verlag 1999.

Braun, Luzia: „Quotendruck und Nischenfernsehen". In: Siller, Peter; Pitz, Gerhard (Hg.) (Heinrich-Böll-Stiftung Baden-Württemberg): Politik als Inszenierung. Zur Ästhetik des Politischen im Medienzeitalter. - Baden-Baden: Nomos Verlagsgesellschaft 2000.

Brockhaus Enzyklopädie in zwanzig Bänden. 17. völlig neu überarbeitete Auflage des großen Brockhaus. - Wiesbaden: F.A. Brockhaus 1973. (Band 16.)

Brosius, Hans-Bernd: „Der gut informierte Bürger? Rezeption von Rundfunknachrichten in der Informationsgesellschaft". In: Charlton, Michael, Schneider, Silvia (Hg.): Theorien und Untersuchungen zum Umgang mit Massenmedien. - Opladen: Westdeutscher Verlag 1997.

Brownmiller, Susan: Weiblichkeit. (dt. Übersetzung v. Manfred Ohl und Hans Satorius). – Frankfurt/Main: Fischer Verlag 1984.

Charlton, Michael, Schneider, Silvia (Hg.): Theorien und Untersuchungen zum Umgang mit Massenmedien. - Opladen: Westsdeutscher Verlag 1997.

Cornelißen, Waltraud: Fernsehgebrauch und Geschlecht. Zur Rolle des Fernsehens im Alltag von Frauen und Männern. - Opladen, Wiesbaden: Westdeutscher Verlag 1998.

Cornelißen, Waltraud; Küster, Kirsten: „Frauen und Nachrichten". In: Frölich, Romy (Hg.): Der andere Blick. Aktuelles zur Massenkommunikation aus weiblicher Sicht. - Bochum: 1992.

Darschin, Wolfgang; Kayser, Susanne: „Tendenzen im Zuschauerverhalten. Fernsehgewohnheiten und Programmbewertungen im Jahr 2000". In: Media Perspektiven 2001 Nr. 4, S. 146-158.

Darschin, Wolfgang; Susanne Kayser: „Tendenzen im Zuschauerverhalten. Fernsehgewohnheiten und Programmbewertungen im Jahr 1999". In: Media Perspektiven 2000 Nr. 4, S. 162-176.

Dörner, Andreas: Politainment. Politik in der medialen Erlebnisgesellschaft. - Frankfurt/Main: Suhrkamp Verlag 2001.

Erdheim, Mario: Die gesellschaftliche Produktion von Unbewußtheit. Einführung in dien ethnopsychoanalytischen Prozeß. 5. Aufl. - Frankfurt: Suhrkamp 1997.

Flaig, Berthold; Meyer, Thomas; Ueltzhöffer, Jörg: Alltagsästhetik und politische Kultur. Zur ästhetischen Dimension politischer Bildung und politischer Kommunikation. 3. Aufl. - Bonn: Verlag J.H.W. Dietz Nachf. GmbH 1997.

Foltin, Hans-Friedrich: „Die Talkshow. Geschichte eines schrillen Genres". In: Kreuzer, Helmut (Hg.): Die Geschichte des Fernsehens in der Bundesrepublik Deutschland. Band 4: Erlinger, Hans-Dieter (Hg.): Unterhaltung, Werbung und Zielgruppenprogramme. - München: Fink 1994.

Gawert, Johannes: „Tägliche Missverständnisse. Anmerkungen zur Moral der Daily Talks". In: Texte. Sonderheft der Zeitschrift medien praktisch 2000 Nr.3, S. 2.

Giddens, Anthony: Konsequenzen der Moderne. (dt. Übersetzung v. Joachim Schulte). 3. Aufl. - Frankfurt/Main: Suhrkamp Verlag 1999.

Goertz Lutz; Schönbach, Klaus: „Zwischen Attraktivität und Verständlichkeit. Balanceakt der Informationsvermittlung". In: Kamps, Klaus; Meckel, Miriam (Hg.): Fernsehnachrichten. Prozesse, Strukturen, Funktionen. - Opladen, Wiesbaden: Westdeutscher Verlag 1998.

Goertz, Lutz: „Zwischen Nachrichtenverkündung und Infotainment: Die Gestaltung von Hauptnachrichten im privaten und öffentlich-rechtlichem Fernsehen". In: Pürer, Heinz; Hömberg, Walter (Hg.): Medien-Transformation. Zehn Jahre dualer Rundfunk in Deutschland. - Konstanz: 1996.

Gomard, Kirsten: „Kön och hierarki i politiska tv-debatter *eller* Hur man skapar en outsider" [Geschlecht und Hierarchie in politischen TV-Debatten *oder* Wie man jemanden zu einem Outsider macht. B.S.]. In: Kvinnovetenskaplig tidskrift 1999 Nr. 2, S. 4-16.

Halff, Gregor: „Wa(h)re Bilder? Zur Glaubwürdigkeit von Fernsehnachrichten". In: Kamps, Klaus; Meckel, Miriam (Hg.): Fernsehnachrichten. Prozesse, Strukturen, Funktionen. - Opladen, Wiesbaden: Westdeutscher Verlag 1998.

Hoecker, Beate: Politische Partizipation von Frauen. Kontinuität und Wandel des Geschlechterverhältnisses in der Politik. Ein einführendes Studienbuch. - Opladen: Leske und Budrich 1995.

Holly, Werner; Peter, Kühn; Püschel, Ulrich (Hg.): Redeshows. Fernsehdiskussionen in der Diskussion. - Tübingen: Max Niemeyer Verlag 1989.

Hurrelmann, Klaus: „Das Modell des produktiv realitätsverarbeitenden Subjekts in der Sozialforschung. Anmerkungen zu neuen theoretischen und methodologischen Konzeptionen". In: Hurrelmann, K. (Hg.): Lebenslage, Lebensalter, Lebenszeit. - Weinheim: Beltz 1986.

Kamps, Klaus. „„Zur Politik, nach Bonn...'. Politische Kommunikation in Fernsehnachrichten". In: Kamps, Klaus; Meckel, Miriam (Hg.): Fernsehnachrichten. Prozesse, Strukturen, Funktionen. - Opladen, Wiesbaden: Westdeutscher Verlag 1998.

Kamps, Klaus; Meckel, Miriam (Hg.): Fernsehnachrichten. Prozesse, Strukturen, Funktionen. - Opladen, Wiesbaden: Westdeutscher Verlag 1998.

Klaus, Elisabeth: Kommunikationswissenschaftliche Geschlechterforschung. Zur Bedeutung der Frauen in den Massenmedien und im Journalismus. - Wiesbaden, Opladen: Westdeutscher Verlag 1998.

König, Hans-Dieter: „Die Methode der tiefenhermeneutischen Kultursoziologie". In: Belgrad, Jürgen; H.-D. König (Hg.): Zur Idee einer psychoanalytischen Sozialforschung. - Frankfurt/Main: Fischer Taschenbuch Verlag 1987.

Köpf, Ulrich: „„Lassen Sie mich zunächst einmal sagen'. Kommunikative Strategien von Politikern in Fernsehdiskussionen. Am Beispiel der Spitzenkandidaten-Diskussion ‚3 Tage vor der Wahl' vom 2.10.1980". In: Holly, Werner; Peter, Kühn; Püschel, Ulrich (Hg.): Redeshows. Fernsehdiskussionen in der Diskussion. - Tübingen: Max Niemeyer Verlag 1989.

Leithäuser, Thomas; Vollmer, Birgit: Psychoanalyse in der Sozialforschung. - Opladen: Westdeutscher Verlag 1988.

Lorenzer, Alfred: „Tiefenhermeneutische Kulturanalyse". In: A. Lorenzer (Hg.): Kulturanalysen. - Frankfurt/Main: Fischer Verlag 1986.

Lorenzer, Alfred: Das Konzil der Buchhalter. 1. Aufl. 1984. - Frankfurt/Main: Fischer Taschenbuch Verlag 1992.

Lorenzer, Alfred: Zur Begründung einer materialistischen Sozialisationstheorie. 4.Aufl. - Frankfurt/Main: Suhrkamp 1995.

Lorenzer, Alfred: Intimität und soziales Leid. Archäologie der Psychoanalyse. - Frankfurt/Main: Fischer Verlag 1984.

Luhmann, Niklas: Die Realität der Massenmedien. 2. erweit. Aufl. - Opladen: Westdeutscher Verlag 1996.

Matussek, Matthias: „Talk bei Mutter Beimer". In: Der Spiegel 1999 Nr. 42, S. 144-146.

Meckel, Miriam; Kamps, Klaus: „Fernsehnachrichten. Entwicklungen in For- schung und Praxis". In: Dies. (Hg.): Fernsehnachrichten. Prozesse, Strukturen, Funktionen. - Opladen, Wiesbaden: Westdeutscher Verlag 1998.

Meyer, Thomas; Ontrup, Rüdiger; Schicha, Christian: Die Inszenierung des Politischen. Zur Theatralität von Mediendiskursen. - Wiesbaden: West- deutscher Verlag 2000.

Mikos, Lothar: „Die Verpflichtung zum Guten. Moralische Konsensversiche- rung im Fernsehen am Beispiel von Daily Talks und anderen Forma- ten". In: Texte. Sonderheft der Zeitschrift medien praktisch 2000 Nr.3, S. 3-13.

Mikos, Lothar: „Film- und Fernsehkompetenz zwischen Anspruch und Reali- tät". In: v. Rein, Antje (Hg.): Medienkompetenz als Schlüsselbegriff. - Bad Heilbronn: Klinkhardt 1996.

Mikos, Lothar: Fernsehen im Erleben der Zuschauer. - München, Berlin: Quintessenz 1994.

Mühlen Achs, Gitta: Wie Katz und Hund. Die Körpersprache der Geschlech- ter. - München: Frauenoffensive 1993.

Münch, Richard: Dialektik der Kommunikationsgesellschaft. - Frank- furt/Main: Suhrkamp Taschenbuch Verlag 1991.

Nohlen, Dieter (Hg.): Wörterbuch Staat und Politik. Neuausgabe 1995. - München: R. Piper 1996.

Prokop, Dieter: Medien - Macht und Massen-Wirkung. Ein geschichtlicher Überblick. - Freiburg/Breisgau: Rombach-Verlag 1995.

Prokop, Ulrike; Stach, Anna; Welniak, Christian: „Die Talkshow *Arabella* - Elemente einer Wirkungsanalyse". In: Lahme-Gronostaj, Hildegard; Leuzinger-Bohleber, Marianne (Hg.): Identität und Differenz. Zur Psy- choanalyse des Geschlechterverhältnisses in der Spätmoderne. - Wies- baden: Westdeutscher Verlag 2000.

Sarcinelli, Ulrich: Symbolische Politik. Zur Bedeutung symbolischen Handelns in der Wahlkampfkommunikation der Bundesrepublik Deutschland. - Opladen: Westdeutscher Verlag 1987. (Studien zur Sozialwissenschaft, Band 72.)

Schnorbach, Norbert: „Greenpeace-TV". In: Siller, Peter; Pitz, Gerhard (Hg.) (Heinrich-Böll-Stiftung Baden-Württemberg): Politik als Inszenierung. Zur Ästhetik des Politischen im Medienzeitalter. - Baden-Baden: Nomos Verlagsgesellschaft 2000.

Schultheis, Christoph: „Wie der Name schon sagt". In: Die Tageszeitung 1998 Nr. 5422 (3.1.1998), S. 23.

Sennett, Richard: Autorität. (dt. Übersetzung v. Reinhard Kaiser). 1.Aufl. 1980. - Frankfurt, Main: Fischer Taschenbuch Verlag 1990.

Siller, Peter; Pitz, Gerhard (Hg.) (Heinrich-Böll-Stiftung Baden-Württemberg): Politik als Inszenierung. Zur Ästhetik des Politischen im Medienzeitalter. - Baden-Baden: Nomos Verlagsgesellschaft 2000.

Tillmann, Klaus-Jürgen: Sozialisationstheorien. Eine Einführung in den Zusammenhang von Gesellschaft, Institution und Subjektwerdung. - Hamburg: Rowohlt Taschenbuch Verlag 1995.

Trömel-Plötz, Senta: „Weiblicher Stil - männlicher Stil". In: Dies. (Hg.): Gewalt durch Sprache. Die Vergewaltigung von Frauen in Gesprächen. 1. Aufl. 1984. - Frankfurt/Main, Fischer Taschenbuch Verlag 1997.

von Arnim, Hans Herbert: Demokratie ohne Volk. Plädoyer gegen Staatsversagen. Machtmißbrauch und Politikverdrossenheit. - München: Kanuer Verlag 1993.

von Rein, Antje (Hg.): Medienkompetenz als Schlüsselbegriff. - Bad Heilbronn: Klinkhardt 1996.

von Stuckrad-Barre, Benjamin: „Als die Bilder das Weglaufen lernten". In: Die Tageszeitung 1998 Nr. 5446 (31.1.1998), S. 22.

von Westphalen, Joseph: „Ein Abgrund namens Langeweile. Der hanseatische Hosenanzugsdrache Sabine Christiansen". In: Roth, Jürgen; Bittermann, Klaus (Hg.): Das große Rhabarbern. 42 Fallstudien über die Talkshow. - München: Deutscher Taschenbuch Verlag 2000.

Winter, Rainer: Der produktive Zuschauer. Medienaneignung als kultureller und ästhetischer Prozeß. - München: Quintessenz, MMV Medizin Verlag GmbH 1995.

www.ingramcontent.com/pod-product-compliance
Lightning Source LLC
Chambersburg PA
CBHW022322280326
41932CB00010B/1192